Ganz wichtig ist für dich Folgendes:

Dein neues Buch zeigt dir ganz unten auf den Seiten in grauer Schrift, was du unbedingt lernen musst. Das ist das **Grundwissen**.
Und du kannst sofort erkennen, was nur zur **Übung** dient. Auf diesen Übungsseiten gibt es oft Raumbeispiele und die Aufgaben.

Du musst immer lesen, was ganz unten auf der Seite steht.

Die Seiten zum **Grundwissen**:

Die fett gedruckten Wörter, die **Grundbegriffe**, sind wichtig. Die musst du lernen. Sie werden am Ende des Buches im Geo-Lexikon in alphabetischer Reihenfolge aufgelistet und noch einmal erklärt.

Die **Info-Kästen** geben dir interessante Informationen.

Grundwissen

Die Seiten zur **Übung**:

Diese Seiten enthalten interessante Beispiele, die dir das Lernen erleichtern.

Außerdem findest du hier die Arbeitsaufträge.

Aufgaben mit einem Pfeil ↗ sind etwas schwieriger zu lösen.

Übung

Übung macht den Meister. So heißt ein altes Sprichwort.

Und ganz am Ende eines jeden Hauptkapitels kannst du dich selbst testen.

Auf den Seiten **Gewusst – gekonnt** sollst du dich selbst testen.

Übung

Du kannst hier dein Wissen und deine Fertigkeiten überprüfen.

Übung

| Seydlitz | Diercke |

Geographie

Gymnasium Sachsen

5. Klasse

Moderator:
Wolfgang Gerber, Leipzig

Autoren:
Kerstin Bräuer, Leipzig
Helmut Fiedler, Leipzig
Roland Frenzel, Glauchau
Wolfgang Gerber, Leipzig
Frank Morgeneyer, Leipzig
Bernd Poitschke, Walddorf

Titelbild:
Felsnadel im Elbsandsteingebirge nahe Bastei und Lilienstein

Mit Beiträgen von: M. Baumann, K. Böttcher-Speckels, T. Braun, A. Bremm, W. Bricks, D. Engelmann, W. Englert, P. Gaffga, A. Gehrke, J. Göller, P. Kirch, N. Kreuzberger, W. Latz, H. Mertins, W. Mülders, S. Reutemann, C. Schaal, M. Schmidt, D. Schöning, J. Schreiegg, R. Tekülve, C. Wack

Ernst von Seydlitz-Kurzbach (geb. in Tschöplau/Kreis Freystadt) lebte von 1784 bis 1849. Mit der Herausgabe des Lehrbuches „Leitfaden der Geographie" im Jahre 1824 begründete er das traditionsreiche Unterrichtswerk „Seydlitz". Ausführliche Informationen sind auf der Internetseite www.schroedel.de/seydlitz-chronik.de nachzulesen.

Carl Diercke (geb. in Kyritz, Landkreis Ostprignitz/Preußen) lebte von 1842 bis 1913 und war Pädagoge und Kartograph. Von ihm stammt der bekannte Diercke-Schulatlas, der erstmals 1883 unter dem Namen „Schul-Atlas über alle Teile der Erde" erschien. Weitere Informationen können der Internetseite www.diercke.de entnommen werden.

Auf verschiedenen Seiten dieses Buches befinden sich Verweise (Links) auf externe Internetdressen.
Haftungshinweis: Trotz sorgfältiger inhaltlicher Kontrolle wird die Haftung für die Inhalte der externen Seiten ausgeschlossen. Für den Inhalt dieser externen Seiten sind ausschließlich deren Betreiber verantwortlich. Sollten Sie bei dem angegebenen Inhalt des Anbieters dieser Seite auf kostenpflichtige, illegale oder anstößige Inhalte treffen, so bedauern wir dies ausdrücklich und bitten Sie, uns umgehend per E-Mail unter www.schroedel.de bzw. www.westermann.de davon in Kenntnis zu setzen, damit beim Nachdruck der Verweis gelöscht wird.

© 2011 Bildungshaus Schulbuchverlage
Westermann Schroedel Diesterweg Schöningh Winklers GmbH, Braunschweig
www.schroedel.de, www.westermann.de

Das Werk und seine Teile sind urheberrechtlich geschützt. Jede Nutzung in anderen als den gesetzlich zugelassenen Fällen bedarf der vorherigen schriftlichen Einwilligung des Verlages.
Hinweis zu § 52a UrhG: Weder das Werk noch seine Teile dürfen ohne eine solche Einwilligung gescannt und in ein Netzwerk eingestellt werden.
Das gilt auch für Intranets von Schulen und sonstigen Bildungseinrichtungen.

Druck A[1] / Jahr 2011
Alle Drucke der Serie A sind im Unterricht parallel verwendbar.

Redaktion: Jens Gläser
Satz: Ines Nové, Leipzig
Umschlaggestaltung: Thomas Schröder
Layout: Artbox Grafik & Satz GmbH, Bremen
Druck und Bindung: westermann druck GmbH, Braunschweig

ISBN 978-3-14-**144825**-2

Inhaltsverzeichnis

1. Unsere Erde 6
Geographie – das neue Fach 8
Die Erde im Weltall 10
Die Bewegungen der Erde 12
Orientierung: Gliederung der Erde in Kontinente und Ozeane 14
Orientierung: Orientierung auf der Erde 16
Methode: Einen Text auswerten
der Kompass 17
Methode: Mit dem Atlas arbeiten
die Erde erkunden 18
Unsere Erde – Lebensraum der Menschen 22
Methode: Bilder beschreiben und auswerten
Lebensräume in Bildern 26
Gewusst – gekonnt: Unsere Erde 28

2. Orientierung in Deutschland 30
Orientierung: Deutschland – von Norden nach Süden 32
Orientierung: Die Bundesrepublik Deutschland – ein Land in Europa 34
Wie leben wir Deutschen? 36
Methode: Mit Karten arbeiten
vom Bild zur Karte 38
Die größte Stadt Deutschlands – die Bundeshauptstadt Berlin 44
Methode: Orientierung mit Stadtplan und Netzplan
Berlin erkunden 48
Gewusst – gekonnt: Orientierung in Deutschland 50

3. Nord- und Ostseeküste 52
Unsere Küsten an Nord- und Ostsee 54
Steil- und Flachküste 56
Methode: Profilskizzen zeichnen
Küsten intensiver untersuchen 58
An der Nordseeküste 60
Lebensraum Wattenmeer 62
Küstenschutz 64
Fischfang in Nord- und Ostsee 66
Häfen – Knotenpunkte des Welthandels 68
Methode: Eine thematische Karte auswerten
Ein Hafen hat verschiedene Bereiche 70
Tourismus im Nationalpark Wattenmeer 72
Urlaub an der Küste 74
Naturraum und Ferienraum – Belastung und Schutz 76
Gewusst – gekonnt: Nord- und Ostseeküste 78

Inhaltsverzeichnis

4. Das Tiefland ... 80
Orientierung: Landschaften im Tiefland ... 82
Gewässer im Norddeutschen Tiefland ... 84
Landwirtschaft im Norddeutschen Tiefland ... 86
Die Magdeburger Börde ... 88
Mit der Kuh auf Du und Du – Milchwirtschaft im Tiefland ... 90
Wohnen auf dem Land früher ... und heute ... 92
Aus Wald wird Kohle ... 94
Braunkohleabbau in Deutschland ... 96
Braunkohleabbau bringt Belastungen ... 98
Gewusst – gekonnt: Das Tiefland ... 100

5. Ausgewählte Ballungsgebiete ... 102
Die Stadt als Siedlungsraum des Menschen ... 104
Funktionen einer Stadt: Fallbeispiel Leipzig ... 106
Stadt und Umland ergänzen sich ... 108
Methode: Tabellen auswerten und erstellen ... 110
Gliederung der Wirtschaft ... 112
Auf den Standort kommt es an – Fallbeispiel München ... 114
Entstehung eines Ballungsgebietes – das Ruhrgebiet ... 116
Methode: Das Internet als Informationsquelle nutzen
Was ist eine Zeche? ... 118
Der Pott „kocht" ... 120
Methode: Diagramme zeichnen und auswerten
das Ruhrgebiet im Wandel ... 122
Gewusst – gekonnt: Ausgewählte Ballungsgebiete ... 124

6. Der deutsche Mittelgebirgsraum ... 126
Orientierung: Landschaften im Mittelgebirgsraum ... 128
Gesteine „erzählen" ... 130
Was ist nur in der Gesteinssammlung los? ... 132
Verschiedene Kräfte verändern die Erdoberfläche ... 134
Ein Fluss bei der Arbeit ... 136
Im Elbsandsteingebirge ... 138
Wasserreichtum in Gebirgen ... 140
Holz – ein wichtiger Rohstoff ... 142
Gewusst – gekonnt: Der deutsche Mittelgebirgsraum ... 144

7. Exkursion im Heimatraum ... 146
Projekt: Wir skizzieren einen Klassenausflug ... 148
Projekt: Wir erkunden unseren Stadtteil ... 150
Projekt: Wir untersuchen einen Fluss/Bach ... 152

Inhaltsverzeichnis

Anhang 154
Die unterschiedlichen Aufgabenstellungen in deinem Geographiebuch 154
Ausgewählte Arbeitsmethoden – kurz und knapp 154
Geo-Lexikon 156
Bildquellen 160

Zum schnellen Finden

METHODE

Methoden:
Einen Text auswerten 17
Mit dem Atlas arbeiten 18
Bilder beschreiben und auswerten 26
Mit Karten arbeiten 38
Orientierung mit Stadtplan und Netzplan 48
Profilskizzen zeichnen 58
Eine thematische Karte auswerten 70
Tabellen auswerten und erstellen 110
Das Internet als Informationsquelle nutzen 118
Diagramme zeichnen und auswerten 122

ORIENTIERUNG

Orientierung:
Gliederung der Erde in Kontinente und Ozeane 14
Orientierung auf der Erde 16
Deutschland – von Norden nach Süden 32
Die Bundesrepublik Deutschland – ein Land in Europa 34
Landschaften im Tiefland 82
Landschaften im Mittelgebirgsraum 128

PROJEKT

Projekte:
Wir skizzieren einen Klassenausflug 148
Wir erkunden unseren Stadtteil 150
Wir untersuchen einen Fluss/Bach 152

Unsere Erde

Wir entdecken die Welt.

Geographie – das neue Fach

Was ist Geographie?

Im Geographieunterricht (wie in M1 auch Erdkunde genannt) beschäftigst du dich mit Räumen, zum Beispiel mit Gebirgen und Tiefländern, mit Städten und Dörfern sowie mit Ländern und Erdteilen. Du lernst, wo sie liegen, wie sie aussehen und warum sie so aussehen.

Du wirst erfahren, welches Klima es in den verschiedenen Räumen der Erde gibt und welche Pflanzen und Tiere man dort vorfindet. Du lernst aber auch kennen, wie die Menschen in den Räumen leben, Landwirtschaft betreiben, Waren herstellen oder Dörfer und Städte bauen. Dabei wird dir gezeigt, dass die Lebensräume der Erde geschützt werden müssen.

Im Geographieunterricht wirst du mit Karten, Bildern und anderen Materialien arbeiten. Dabei lernst du, wie du dir selbst fremde Räume erschließt, wie du dich zum Beispiel mit einer Karte in deiner Umgebung orientierst oder wie man mit dem Atlas arbeitet.

INFO

Geographie
Unser neues Fach heißt Geographie.
Das Wort Geographie kommt aus dem Griechischen:
geo(s): Erde; graphein: beschreiben.

M1 *Gedanken zum Begriff „Erdkunde"*

M2 *Im Geographieunterricht braucht man viele Dinge.*

M3 *Ein Containerschiff im Hamburger Hafen: ein Bild, viele Informationen*

M4 *Leben im Schatten des Merapi-Vulkans (35 km nördlich von Yogyakarta, Indonesien)*

❶ Notiere, welche Arbeitsmaterialien die Kinder in M2 verwenden.

❷ a) Notiere, aus welchen Teilbereichen der Geographie (M5) die Fotos M3 und M4 Informationen enthalten.

b)  Orientiere dich mithilfe des Atlas: Finde Hamburg und schreibe den Namen des Flusses und den Namen des Meeres auf, in das dieser Fluss mündet.

c)  Orientiere dich mithilfe des Atlas: Finde Yogyakarta und notiere in deinem Heft die Insel, auf der Yogyakarta und der Merapi liegen.

❸ Überlege, wo dir im Alltag das Fach Geographie begegnet. Lege eine Tabelle nach dem vorgegebenen Muster an:

Tätigkeiten	Bereich im Geographieunterricht (M5)
frühstücken	Landwirtschaft
Bus fahren	Verkehr
...	...

❹ Schreibe die Buchstaben des Wortes Geographie untereinander. Überlege zu jedem Buchstaben einen Begriff, der etwas mit dem Fach Geographie zu tun hat.

G _____
E _____
O _____
G _____
R _____
A _____
P _____
H _____
I _____
E _____

M5 *Geographie – „Fach"-Bereiche (in Auswahl)*

M1 *So stellt man sich die Milchstraße vor*

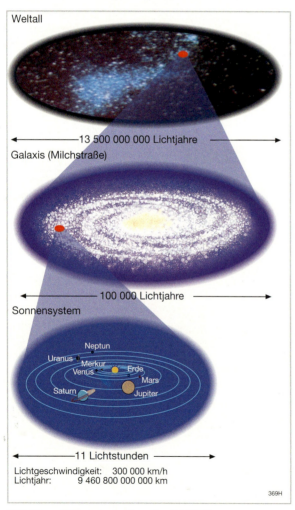

M2 *Unser Sonnensystem im Weltall*

Die Erde im Weltall

Ein Blick ins Weltall

In klaren Nächten sehen wir den Sternenhimmel. Mit dem Auge lassen sich 2000 bis 3000 Sterne erkennen. Wir sehen jedoch nur einen winzigen Teil vom **Weltall**, denn es ist riesig groß. Entfernungen in ihm messen Forscher (Astronomen) in Lichtjahren. Das ist der Weg, den das Licht in einem Jahr zurücklegt.

Die Sterne sind im Weltall nicht gleichmäßig verteilt, sondern oft in Haufen angeordnet. Solche Sternenhaufen heißen z. B. **Galaxie**. Im Weltall gibt es Milliarden von Galaxien. Eine Galaxie wiederum besteht aus Milliarden von Sternen. Am Rande unserer Galaxis, der Milchstraße, liegt unser **Sonnensystem** mit der **Sonne** im Zentrum.

Sonne, Planeten und Monde

Die Sonne ist eine glühende Gaskugel, die Licht und Wärme in das Weltall strahlt. Um die Sonne bewegen sich in bestimmten Umlaufbahnen **Planeten**. Sie leuchten nicht selbst, sondern werden von der Sonne angestrahlt. Die meisten Planeten haben Begleiter, die **Monde**. Sie sind kleiner und bewegen sich um die Planeten. Zusammen mit den Planeten bewegen sie sich wiederum um die Sonne. Im Sonnensystem gibt es weitere unzählige kleinere Körper, zum Beispiel den Zwergplaneten Pluto.

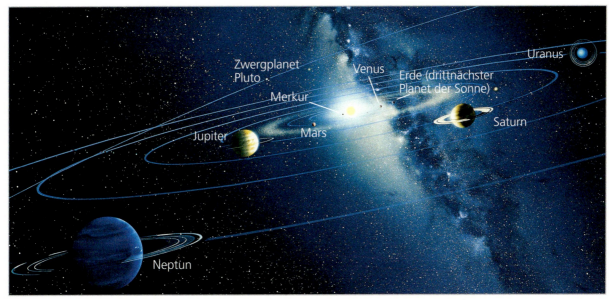

M3 *Unser Sonnensystem – die Planeten und ihre Umlaufbahnen um die Sonne*

❶ Nenne anhand der Abbildung M3 die einzelnen Planeten des Sonnensystems von innen nach außen.

❷ Bringe die Begriffe in die richtige Reihenfolge: Sonnensystem, Weltall, Erde, Milchstraße, Sonne (M2). Ordne sie der Größe nach.

❸ Erkläre die Begriffe Galaxie, Sonnensystem, Sonne, Planet, Mond (Text und Abbildungen).

❹ Schreibe mithilfe der Abbildung M4 einen kurzen Text über einen Planeten deiner Wahl. Beginne den Text so: „Der Planet … hat einen Durchmesser von …".

❺ Ergänze deine Angaben aus Aufgabe 4. Beispiel: Wie viele Monde hat der Planet? Sammle dazu Informationen im Internet unter www.blinde-kuh.de./weltall.

❻ Was ist ein Planetarium? Nutze: www.blinde-kuh.de.

	Durchmesser am Äquator (in km)	Entfernung von der Sonne	Umlaufzeit um die Sonne
Merkur	4880	58 Mio. km	88 Tage
Venus	12 100	108 Mio. km	225 Tage
Erde	12 756	150 Mio. km	1 Jahr 0 Tage
Mars	6800	228 Mio. km	1 Jahr 322 Tage
Jupiter	142 800	778 Mio. km	11 Jahre 315 Tage
Saturn	120 500	1427 Mio. km	29 Jahre 167 Tage
Uranus	52 400	2873 Mio. km	84 Jahre 8 Tage
Neptun	48 600	4496 Mio. km	164 Jahre 282 Tage

M4 *Die Planeten des Sonnensystems im Vergleich*

Wir legen auf einem Fußballfeld einen Basketball als Sonne auf den Anstoßpunkt. Als Erde nehmen wir eine Glasperle von drei Millimetern Durchmesser und platzieren diese 38 Meter vom Anstoßpunkt entfernt. Der Jupiter hat die Größe eines Tischtennisballs und befindet sich in 200 Metern Entfernung – weit außerhalb des Spielfeldes. Der Zwergplanet Pluto (M3) hätte schließlich die Größe eines Stecknadelkopfes und wäre fast 1,5 Kilometer vom Anstoßpunkt entfernt.

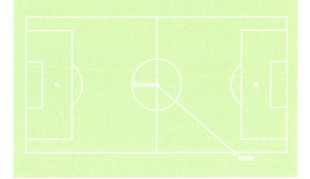

M5 *Größenvergleich Sonnensystem*

M1 *Blick auf die Erde aus dem Weltall*

Frankfurt

Moskau

Shanghai

New York

M2 *An einem Hotelempfang*

Die Bewegungen der Erde

Unser Planet, die Erde, vollführt zwei wesentliche Bewegungen im Weltall. Er dreht sich von West nach Ost um eine gedachte Achse, die den Südpol mit dem Nordpol verbindet (M3). Diese Bewegung wird Rotation genannt und dauert fast 24 Stunden. Dabei bestrahlt die Sonne immer nur eine Hälfte der Erde. Auf einer Seite ist es hell – es ist Tag. Auf der von der Sonne abgewandten Seite der Erde ist Nacht (M1).

Eine zweite Bewegung der Erde im All ist die um die Sonne. Sie dauert 365 Tage und sechs Stunden. Aller vier Jahre werden diese sechs Stunden addiert. Dann haben wir ein **Schaltjahr** und einen **Schalttag**, den 29. Februar. Eine Folge der Erdbewegung um die Sonne sind die verschiedenen Jahreszeiten, die wir im Verlaufe eines Jahres erleben. Sie entstehen, weil die Rotationsachse unseres Planeten geneigt ist. Deshalb bescheint die Sonne in unserem Sommer mehr die **Nordhalbkugel** und im Winter mehr die **Südhalbkugel** (M5).

Unser Planet rast mit einer unglaublichen Geschwindigkeit von durchschnittlich 30 Kilometern pro Sekunde durch das Weltall.

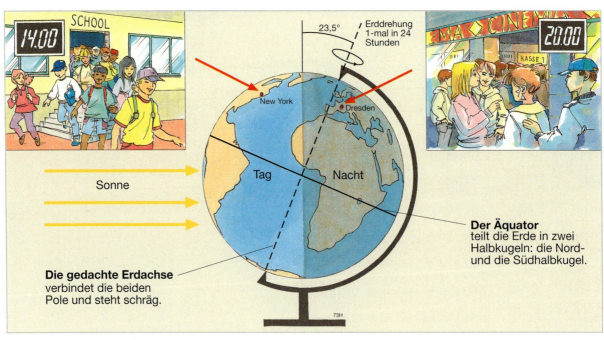

M3 *Tag und Nacht auf der Erde*

M4 *Versuch: Wir stellen Tag und Nacht nach.*

❶ Beschreibe die Rotation der Erde (M1, M3).

❷ Erkläre die Entstehung von Tag und Nacht, indem du das Experiment in M4 durchführst.

❸ Beschreibe die Bewegung der Erde um die Sonne und erkläre mit eigenen Worten die Entstehung der Jahreszeiten (M5).

❹ Erkläre die Begriffe Schalttag und Schaltjahr.

❺ Erkläre die unterschiedlichen Uhrzeiten in Frankfurt, Moskau, Shanghai und New York (M2).

❻ In Dresden ist es gerade 12 Uhr. Finde anhand der Zeitzonenkarte im Atlas heraus, wie spät es in Buenos Aires, New York, Sydney, Tokio und Bangkok ist.

Unsere Erde

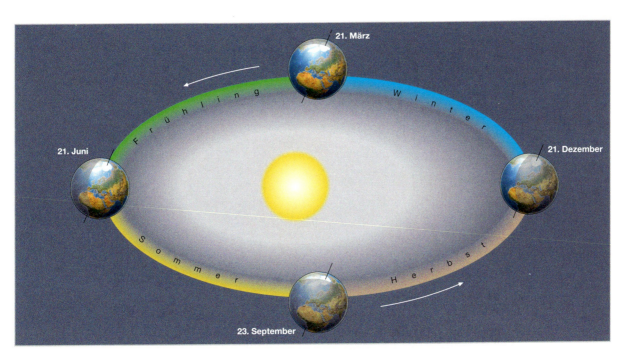

M5 *Jährlicher Umlauf der Erde um die Sonne (= Erdrevolution)*

Grundwissen / Übung

13

Gliederung der Erde in Kontinente und Ozeane

Blickt ein Astronaut zur Erde, sieht er nur wenige Einzelheiten der Erdoberfläche. Deutlich zu erkennen sind aber die großen Wasser- und Landflächen. Sie werden als Ozeane bzw. Kontinente bezeichnet. Vor allem aber die riesige Wasserfläche des Weltmeeres unterscheidet die Erde von anderen Planeten.

Die Erde kann in ihrer tatsächlichen Form und Größe nur aus dem All betrachtet werden. Es gibt aber verkleinerte Darstellungen, z. B. den **Globus** (M3), das **Satellitenbild** (M4) oder die Karte (M1). Ein Globus zeigt die Erde in ihrer Kugelgestalt. Karten dagegen sind ebene Abbildungen und zeigen oft nur Ausschnitte der Erdoberfläche.

Die Kontinente

Die Landfläche der Erde ist in sieben Kontinente unterteilt. Sie unterscheiden sich in ihrer Form, Größe und Lage voneinander.

Asien ist der größte Kontinent. Er bildet mit Europa eine zusammenhängende Landmasse. Europa und Nordamerika befinden sich vollständig nördlich des **Äquators**, auf der Nordhalbkugel. Australien dagegen liegt auf der Südhalbkugel. Die unterschiedliche Lage der Kontinente verursacht Temperatur- und Niederschlagsunterschiede und beeinflusst das Leben der Menschen.

Die Ozeane

Um von einem Kontinent zu einem anderen zu reisen, muss fast immer ein Ozean überquert werden. So erstreckt sich z. B. zwischen Europa und Nordamerika der Atlantische Ozean (Atlantik). Mit einer Größe von ca. 106 Millionen km² ist er größer als der Indische Ozean (Indik), aber kleiner als der Pazifische Ozean (Pazifik). Allerdings besitzt auch der kleinste Ozean noch eine viel größere Fläche als Asien.

Seit jeher ist das Leben der Menschen eng mit den Meeren und Ozeanen verbunden. So beeinflussen sie z. B. unser Wetter. Sie dienen uns aber auch als Nahrungsquelle (z. B. Fischfang). Heute werden im Meer Bodenschätze (z. B. Erdöl) abgebaut und die Ozeane sind als Verkehrsweg sehr wichtig. Gleichzeitig erhöht sich aber auch die Gefahr, den Lebensraum Meer zu zerstören.

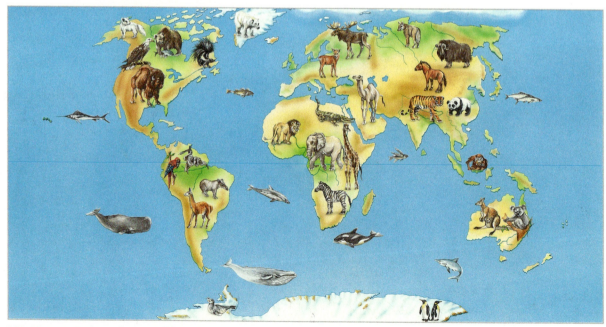

M1 *Unsere Erde auf einem Plakat*

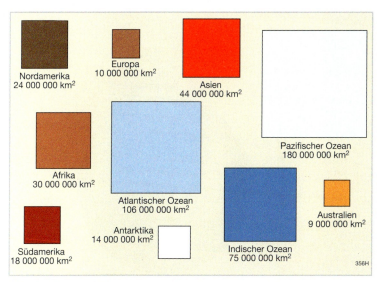

M2 *Größenverhältnisse von Kontinenten und Ozeanen*

M3 *Globus*

❶ Die Kontinente sind über die Erde verteilt.
a) Beschreibe die Lage der Kontinente auf der Erde (M1, M4).

b) Beschreibe die Lage der Kontinente Nordamerika, Afrika und Australien aus europäischer Sicht.

❷ a) Übertrage die Umrisse der Kontinente auf Transparentpapier (Atlas). Schneide sie dann aus und ordne sie zu einer Weltkarte an.

b) Wähle dir einen Kontinent aus und präge dir seine Form ein. Zeichne ihn jetzt aus dem Gedächtnis. Kann ein Mitschüler ihn benennen?

❸ a) Ordne die Kontinente nach der Größe. Beginne mit Asien.

b) Addiere die Flächengröße aller Kontinente (M2). Vergleiche mit der Größe einzelner Ozeane.

c) Erkläre, wie du mithilfe von M2 die Größe der Erdoberfläche berechnen kannst.

❹ a) Nenne Abbildungsarten der Erde.

b) Vergleiche die Form von Antarktika auf Globus und Weltkarte.

INFO
Quadratkilometer
1 km² ist ein Flächenmaß. Es bezeichnet eine Fläche mit einem Kilometer Länge und einem Kilometer Breite.

M4 *Unsere Erde aus großer Höhe aufgenommen (Satellitenbild)*

Grundwissen / Übung

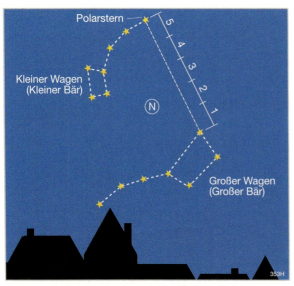

M1 *Polarstern am nördlichen Sternenhimmel*

M2 *Das Gradnetz der Erde*

Orientierung auf der Erde

„Wo ist denn …?", lautet eine oft gestellte Frage. Doch wie erfolgt die Orientierung in der Natur?

Jahrtausende lebten die Menschen sehr eng mit der Natur zusammen. Sie konnten sich deshalb mithilfe der Naturgegebenheiten gut in ihrer näheren Umgebung orientieren. In Europa sind z. B. Bäume oft an der westlichen Seite mit Moosen bedeckt. Aber auch der Stand der Sonne oder des Polarsterns (M1) halfen bei der Orientierung. Seit etwa 800 Jahren kann auch der **Kompass** genutzt werden. Seine Magnetnadel richtet sich nach Norden aus. Eine darunter angebrachte Windrose (M3) hilft bei der Ermittlung der Himmelsrichtung.

Betrachtest du den Globus oder eine Weltkarte genauer, kannst du darauf ein Netz von Linien erkennen: das **Gradnetz** (M2). Es besteht aus gedachten Linien. Sie überziehen als Breiten- oder Längenkreise die ganze Erdoberfläche. Der **Äquator** ist der längste Breitenkreis. Er unterteilt die Erde in **Nord- und Südhalbkugel**.

Heute sind Navigationssysteme in der Lage, den eigenen Standort auf der Erde mithilfe von **Satelliten** bis auf wenige Meter genau anzugeben.

M3 *Windrose*

M4 *Navigationsgerät*

Methode: Einen Text auswerten – der Kompass

Der Kompass ist ein Messgerät zur Bestimmung von Himmelsrichtungen. Vor der Erfindung des Kompasses mussten sich Seefahrer an Himmelskörpern (z. B. dem Polarstern), dem Sonnenstand sowie Windrichtungen oder Strömungen orientieren. An Land halfen den Reisenden außerdem besondere Merkmale in der Natur bei der Orientierung. Der Vorläufer des Kompasses gelangte 1190 über Arabien aus China nach Europa. In China existierte ein dem Kompass ähnliches Messinstrument bereits über tausend Jahre vorher. Seine heutige Form soll der Kompass im 13. Jahrhundert von italienischen Seefahrern erhalten haben.
Der Magnetkompass besteht aus der Kompassnadel, einer Windrose und dem Gehäuse. Häufig ist auch eine 360°-Messleiste (ein Kreis) abgebildet. Die Kompassnadel ist ein drehbarer Zeiger aus magnetischem Material. Sie richtet sich am magnetischen Nordpol der Erde aus. Ein Ende der Nadel zeigt somit immer nach Norden, das andere nach Süden. Das Material, aus dem die Nadel eines „guten" Kompasses besteht, sollte seine magnetische Ausrichtung natürlich immer beibehalten. Manche Nadeln können nämlich, z. B. bei Erschütterungen, ihre Magnetisierung abschwächen oder sogar umkehren.
Die Kompassnadel ist im Zentrum eines Kreises angebracht. Der Kreis wird im Uhrzeigersinn in Viertel eingeteilt: 0° = Norden, 90° = Osten, 180° = Süden und 270° = Westen. Hat sich die Kompassnadel ausgerichtet, zeigt ihre Spitze auf null. Sie legt damit eine unsichtbare Nord-Süd-Linie fest.
Diese gedachte Linie wird genutzt, um die Lage eines Punktes im Gelände zu bestimmen. Dazu muss der Punkt angepeilt werden. Zum Schluss wird der Winkel zur Nord-Süd-Linie angegeben. Nach der Peilung kann die Windrose zum Ermitteln der Himmelsrichtung genutzt werden.

Fünf Schritte bei der Bearbeitung eines Textes

1. Lies den Text aufmerksam durch. Schlage im Lexikon die dir unbekannten Wörter nach.
2. Gliedere den Text in Abschnitte, indem du dir jeweils das Ende eines Sinnabschnittes merkst oder notierst. Formuliere dann für jeden Abschnitt eine zum Thema der Aufgabe passende Zwischenüberschrift.
3. Schreibe aus jedem der Abschnitte einige wenige Begriffe heraus, die dir für den Inhalt wichtig erscheinen oder ihn leicht erschließen lassen (Schlüsselwörter).
4. Fasse nun mithilfe der Schlüsselwörter und Zwischenüberschriften den Text Abschnitt für Abschnitt in vollständigen Sätzen zusammen. So erhältst du eine Inhaltsangabe des gesamten Textes.
5. Überlege dir nun, welche Absichten der Autorin oder des Autors dem Text zugrunde liegen: Will der Text hauptsächlich über etwas informieren oder hauptsächlich eine Meinung äußern oder zu etwas auffordern?

1. Bearbeitungsschritt
unbekannte Wörter (1. Abschnitt)
z. B. existieren: vorhanden sein, bestehen

2. Bearbeitungsschritt
Zwischenüberschrift
(1. Abschnitt)
z. B. Orientierung vor Erfindung des Kompasses

3. Bearbeitungsschritt
Schlüsselwörter (2. Abschnitt)
z. B. Kompassnadel, Windrose, Gehäuse, 360°-Messleiste

4. Bearbeitungsschritt
Inhaltsangabe (3. Abschnitt)
Geländepunkt anpeilen und Winkel zur Nord-Süd-Linie angeben

5. Bearbeitungsschritt
Absicht des Autors (gesamter Text)
z. B. Der Autor will über den Aufbau und die Arbeit mit einem Kompass informieren.

❶ Nenne alle Kontinente, durch die der Äquator verläuft (Atlas).

❷ Nenne Möglichkeiten der Orientierung auf der Erde.

❸ Erkläre die Angabe NO (M3).

❹ Peters Gesicht schaut in Richtung Süden. Erkläre ihm, wie er sich drehen muss, damit er nach Osten (Norden) sieht.

❺ Übe an einem Kompass das Bestimmen der Himmelsrichtungen. Gib an, in welcher Himmelsrichtung sich die Tafel im Klassenzimmer befindet.

❻ Werte den Text „Der Kompass" zu Ende aus.

Methode: Mit dem Atlas arbeiten – die Erde erkunden

Expedition zur Erde

Krid* ist ein kleiner Eridaner. Er stammt aus dem Sternbild Eridanus und fliegt zum ersten Mal zur Erde.

Von seiner Niginök* Anadire I wurde er ausgesandt, um die Erde näher zu erkunden. In seinem Gepäck hat er einige Aufträge. Die Niginök will unbedingt Antworten auf Fragen erhalten, die auf der letzten Expedition nicht geklärt worden sind.

Zur Hilfe hat Krid einen **Atlas** von dem Leiter der letzten Erdexpedition geschenkt bekommen. Dieser hatte ihm gesagt: „Mit dem Atlas der Erdenmenschen kannst du dich gut auf der Erde orientieren und die Fragen der Niginök beantworten."

Nun hat Krid schon einmal die Erde umrundet und macht sich an den ersten Auftrag.

Du kannst Krid bei der Lösung helfen, wenn du deinen Atlas auf die richtige Weise benutzt.

*Die eridanische Sprache ist nicht schwer: Eridaner schreiben viele Wörter genau wie wir, nur bei manchen Namen und Bezeichnungen wählen sie einfach eine andere Reihenfolge …

Anadire I, die Niginök von Eridanus

INFO

Aufbau des Atlas

Im Atlas gibt es verschiedene Hilfen, die es dir erleichtern, die gewünschten Karten zu finden.

1. Das *Inhalts- oder Kartenverzeichnis* steht zu Beginn des Atlas. Es listet alle Karten nach Regionen und Themen auf.

2. Den Hauptteil des Atlas nimmt der *Kartenteil* ein. Er ist zunächst nach Regionen geordnet (z. B. Deutschland, Europa, Afrika usw.) und dann innerhalb der Regionen nach Themen.

3. Das *Register* (oder auch Namensregister) enthält alle Namen, die auf den Karten vorkommen. Hinter jedem Namen stehen die Seitenangabe, ein Buchstabe und eine Zahl, zum Beispiel: Berlin 21, F2.

Der Buchstabe und die Zahl bezeichnen das *Planquadrat* auf der Karte, in dem sich der Ort befindet. Über jede Karte ist ein Gitternetz gelegt, das aus einzelnen Planquadraten besteht.

4. Das *Sachwortregister* steht am Ende des Atlas, hinter den Karten. Hier sind die wichtigsten Themen (Sachwörter) gelistet, die in Karten vorkommen. Hinter dem Sachwort steht jeweils die Atlasseite und die Nummer der Karte, zum Beispiel: Wüste 236/237 ①.

M1 *Planquadrate* ▶

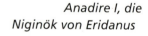

Grundwissen

M1 *Der Kilimandscharo aus dem Weltraum gesehen*

Auftrag Nr. 1
Lieber Krid, die Kollegen der letzten Expedition haben mir einige Namen von Bergen und Meerestiefen auf der Erde mitgebracht. Erkunde doch bitte, wie hoch die Berge sind, vor allem die Feuer speienden Berge, und wie tief die tiefsten Meeresstellen sind.
Erstelle dazu am besten eine Tabelle, in die du die Namen, die Höhe über dem Meeresspiegel und den Namen des Kontinents/Meeres einträgst.
• Die Berge heißen Montblanc, Mount Everest und Aconcagua.
• Die Vulkane heißen Kilimandscharo, Cotopaxi und Ararat.
• Die Meerestiefen heißen Challenger-Tief und Witjas-Tief.

Auftrag Nr. 2
Außerdem erkunde doch bitte, wo die folgenden „Rekorde der Erde" vorkommen. Notiere bitte die Länder und die Kontinente.
• Der längste Fluss der Erde heißt Nil. Er ist 6671 km lang. Auf welchem Kontinent und durch welche Länder fließt er?
• Der heißeste Ort auf der Erde ist das Death Valley – das Tal des Todes –, dort wurden schon einmal 57 °C gemessen.
• Der kälteste bewohnte Ort der Erde ist das Dorf Oimjakon, hier zeigte das Thermometer schon einmal –77 °C an. Die Kinder bekommen dort jeden Winter bei –50 °C schulfrei.
Auf welchen Kontinenten und in welchen Ländern liegen diese Temperaturrekorde?
• Der tiefste See ist der Baikalsee. Leider weiß ich nicht genau, wie tief er ist und auf welchem Kontinent und in welchem Land er liegt. Finde das bitte heraus.

Auftrag Nr. 3
Einige Orte auf der Erde scheinen sehr seltsame Namen zu haben. In welchen Ländern liegen sie? Wuxi, Po, Titicacasee, Popokatépetl, Galle, Nixdorf, Katzenbuckel.

Auftrag Nr. 4
Als Niginök der Eridaner interessiere ich mich auch, ob die Erdenmenschen mit Naturkatastrophen zu kämpfen haben.
Gibt es im Atlas Karten, die Auskunft über Wirbelstürme, Flutkatastrophen, Vulkane und Erdbeben geben? Notiere doch bitte die Seiten und die Nummern der Karten.

METHODE

Grundwissen/Übung

Auftrag Nr. 5
Lieber Krid, die letzte Expedition schwärmte von wunderbaren Städten, die es auf den Kontinenten Nord- und Südamerika gebe, und von Erdteilen, die immer mit Eis bedeckt seien, den Polargebieten.
Erstelle mir doch bitte eine Liste, in die du alle Atlasseiten einträgst, auf denen Karten mit amerikanischen Städten und Karten mit den Polargebieten zu finden sind. – Du kannst ja dann, wenn du dort bist, einige Luftbilder machen.

Zum Glück gibt es ein Kartenverzeichnis. Dort sind alle Karten aufgelistet!

M2 *Blick auf New York, Stadtteil Manhattan*

Schwieriger Zusatzauftrag Nr. 6
Eine Astronautin der letzten Expedition berichtete: „Als wir in Nordamerika über den Oberen See geflogen sind, hat das viel länger gedauert als unser Flug über den Bodensee. Im Atlas der Erdenmenschen ist der Bodensee aber viel größer eingezeichnet als der Obere See. Wir konnten das Rätsel bis zum Schluss unserer Expedition nicht lösen." Krid, bitte löse du das Rätsel! Wie lang ist der Bodensee, wie lang ist der Obere See?
Schau dir die Atlaskarten doch einmal an und ermittle die Länge beider Seen mithilfe der Maßstabsleisten. Notiere bitte die Ergebnisse. Schreibe mir dann eine Erklärung auf, warum auf manchen Atlaskarten der Bodensee größer ist als der Obere See.

Jetzt muss ich aber rechnen! Gut, dass es auch noch Maßstabsleisten gibt.

M3 *Ausschnitte aus den Karten „Deutschland südlicher Teil – physisch" und „Amerika – physische Übersicht"*

M4 *In der Nähe von Jimma*

Auftrag Nr. 7
Lieber Krid, in deinen Unterlagen findest du das Bild einer Familie aus der Nähe von Jimma. Für dieses Foto hat die Familie ihren gesamten Hausrat vor dem Haus aufgebaut. Mich würde interessieren, wovon die Menschen dort leben und was sie anbauen.
Schreibe doch bitte die wichtigsten Anbaufrüchte im Umkreis von Jimma auf. (Ein Tipp: Ich glaube auf den thematischen Karten „Afrika nördlicher Teil – Wirtschaft" oder „Afrika – Landwirtschaft und Klima" findest du dazu etwas!)

Auftrag Nr. 8
Auf der Erde wachsen so viele gut schmeckende Dinge, die es bei uns nicht gibt: Kakao, Kaffee, Erdnüsse, Wein und Bananen.
Notiere bitte die Kontinente, auf denen diese Früchte wachsen. (Ein Tipp: Die thematischen Karten zur Landwirtschaft der einzelnen Kontinente helfen dir weiter.)

Nehes Redeiw!
Schön, dass ihr mir geholfen habt! Jetzt freue ich mich wieder auf zu Hause. Aber mein Weg ist noch sehr lang. Wenn ihr genau wissen wollt, wo ich wohne, schaut doch mal in eurem Atlas nach – im Sachwortregister unter Weltall.

Grundwissen / Übung

Unsere Erde – Lebensraum der Menschen

Auf der Erde sind die Menschen sehr ungleichmäßig verteilt. So unterschiedlich die Natur in den Regionen, in denen die Menschen leben, ist, so unterschiedlich ist auch ihr Leben. Sie sprechen unterschiedliche Sprachen, tragen verschiedene Kleidung, haben andere Essgewohnheiten und unterschiedliche Hautfarben. Die natürlichen Bedingungen wie Klima, Boden sowie Pflanzen- und Tierwelt bestimmen das Leben der Menschen. Ihre Lebensweise hängt vor allem von den Temperaturen und Niederschlägen in den verschiedenen Regionen der Erde ab. So beeinflussen Temperatur und Niederschlag die landwirtschaftliche Nutzung und damit die Ernährung der Menschen.

Wir leben in gemäßigten Gebieten. Durch gemäßigte Temperaturen und ausreichend Niederschlag können die Pflanzen gut wachsen. Es gibt aber auch extreme Regionen – die kalten und heißen Gebiete. Wir starten eine Ballonfahrt und erkunden diese Regionen. Wie die Menschen dort leben, erfährst du auf den nächsten Seiten.

M1 *In der kalten Zone*

M2 *In der Sandwüste*

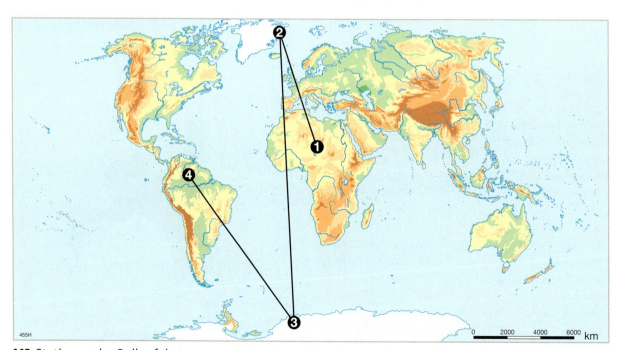

M3 *Stationen der Ballonfahrt*

Grundwissen / Übung

M4 *Tuareg: Wanderer in der Wüste*

M5 *Oase in Tunesien*

In der **Wüste** ist es am Tag sehr heiß, in der Nacht fallen die Temperaturen oft unter 0 °C. Im ganzen Jahr herrscht Trockenheit. Hohe Temperaturen und sehr geringer Niederschlag sind die Ursache dafür, dass nur wenige Pflanzen und Tiere in der Wüste leben. Sie haben sich an diese extremen Bedingungen angepasst.

Auch das Händlervolk der Tuareg (M4) hat sich auf diese lebensfeindlichen Umstände eingestellt und lebt seit Jahrtausenden in der Wüste. Wenn die Viehherden das Weideland abgegrast haben und die Wasservorräte aufgebraucht sind, suchen sie einen neuen Platz für ihre Familien und Tiere.
In den letzten Jahrzehnten mussten viele Tuareg ihr traditionelles Leben aufgeben. Sie tauschten die Kamele gegen Lkws, die mehr Waren in kürzerer Zeit durch die Wüste transportieren können. Andere arbeiten auf den Erdölfeldern in Algerien.

In den **Oasen** (M5) gelangt Wasser auf den Wüstenboden, dann beginnen überall Pflanzen zu wachsen. Wasser bedeutet also Leben in der Wüste. Oasen erhalten ihr Wasser aus Flüssen oder es wird als Grundwasser aus Brunnen gepumpt. So bewirtschaften die Bauern ihre Felder im Schatten der Dattelpalmen.

Mit der Entdeckung von Erdöl und Erdgas entstanden große Siedlungen, in denen Fördertürme, Tankstellen sowie Wohn- und Bürocontainer errichtet wurden. Hier werden viele Arbeitskräfte gebraucht. Viele Bauern verließen die Felder, um auf den Erdölfeldern zu arbeiten. Neue, gut bezahlte Arbeitsplätze gibt es auch in den Hotelanlagen oder als Reiseführer für die Urlauber.

M6 *Station 1: Leben in der Wüste*

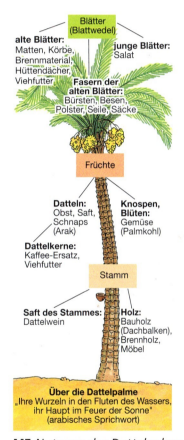

M7 *Nutzung der Dattelpalme*

❶ Beschreibe die Lage der Sahara (Atlas). Nenne weitere Wüsten.

❷ Erläutere die besondere Bedeutung des Wassers für das Leben in der Wüste (M5, M6).

❸ Warum werden die Dattelpalmen auch als „Sonnenschirme der Oasen" bezeichnet?

❹ Erstelle eine Tabelle zur Nutzung der Dattelpalme (M7).

Grundwissen / Übung

Im Nordpolargebiet (Arktis)

Zum Nordpolargebiet gehören das Nordpolarmeer und die nördlichen Teile der Kontinente Europa, Asien und Nordamerika.

Im Norden der Küstengebiete Kanadas und auf Grönland leben die Inuit. Früher wurden sie auch Eskimo genannt, was übersetzt „Rohfleischesser" bedeutet. Die Inuit betrachten dies als Schimpfwort. Sie lebten als Jäger und Sammler. Die Männer jagten Robben, Fische, Eisbären und Walrosse. Es wurden aber nur so viele Tiere erlegt, wie sie zum Überleben brauchten. Gab es in einem Gebiet nicht mehr genügend Nahrung, zogen die Familien weiter und bauten neue Iglus (= Eishütten). In den letzten 100 Jahren hat sich das Leben der meisten Inuit sehr stark verändert. Es drangen Pelztierjäger und Walfangschiffe in ihren Lebensraum ein. Dadurch ging der Tierbestand sehr stark zurück.

Viele Inuit betreiben Fischfang, aber der Verdienst reicht nicht mehr zum Leben. Arbeit gibt es in den Fabriken der Fischverarbeitung, in den Häfen oder als Touristenführer. Viele Familien sind auf staatliche Unterstützung angewiesen. Heute leben die Inuit nicht mehr in Iglus, sondern in kleinen Häusern, die über Strom, Heizung und Fernsehen verfügen. Auch nähen sie ihre Kleidung nicht mehr selbst, sondern kaufen sie sich in Geschäften.

M8 *Inuit auf Grönland*

Im Südpolargebiet (Antarktis)

Zur Antarktis gehören neben dem Kontinent Antarktika auch die angrenzenden Meeresgebiete. Hier ist es noch viel kälter als in der Arktis. Im Winter herrschen Temperaturen von −50 °C. Diese lebensfeindlichen Bedingungen sind die Ursache dafür, dass Menschen hier nicht dauerhaft leben können. In der Antarktis arbeiten 3000 Wissenschaftler aus vielen Ländern der Erde auf 40 Forschungsstationen (z. B. die deutsche Neumayer-Station III, M9). Sie nehmen Luft-, Wasser- und Eisuntersuchungen vor, um den Kontinent und das Erdklima zu erforschen.

M9 *Forschungsstation Neumayer III, Antarktis*

M10 *Station 2 und 3: Leben im „ewigen Eis"*

❶ Erkläre, wie die Temperaturen das Leben der Menschen in den Polargebieten beeinflussen.

❷ Beschreibe das Leben der Inuit früher und heute (M10).

❸ Warum frisst ein Eisbär keine Pinguine?

❹ Erstelle einen Kurzvortrag: „Forschen in Arktis und Antarktis" (z. B. www.awi.de/de/infrastruktur/stationen).

M11 *Tropischer Regenwald nach einem Gewitter*

M12 *Yanomami bei der Jagd*

Im größten **tropischen Regenwald** (M11) der Erde, im Amazonasgebiet in Südamerika, ist die Luft immer schwülwarm. Es gibt hier keine Jahreszeiten. So konnte sich eine sehr üppige Pflanzenwelt entwickeln.

Die Yanomami-Indianer (M12) leben seit 3 000 Jahren im tropischen Regenwald und haben sich an die herrschenden natürlichen Bedingungen angepasst. In einer Dorfgemeinschaft wohnen bis zu 300 Yanomami. Sie ernähren sich von Jagd und Fischfang, bauen auf den Feldern Maniok oder Bananen an und die Frauen sammeln Früchte, wilden Honig oder Pilze. Maniok ist ein hoher Strauch, dessen Wurzeln, ähnlich wie die Kartoffel, als Nahrungsmittel verwendet werden. Wenn die Felder nicht mehr ertragreich sind, überlassen die Yanomami-Indianer sie wieder der Natur. Das ganze Dorf zieht weiter und legt neue Felder an.

Veränderungen bei den Yanomami-Indianern

In den 1980er-Jahren wurden Bodenschätze, wie zum Beispiel Gold, im Amazonasgebiet entdeckt. Goldsucher drangen in den Lebensraum der Yanomami-Indianer ein. Der tropische Regenwald wurde abgeholzt, Siedlungen und Straßen gebaut sowie Flugplätze errichtet.

Beim Abbau des Goldes wurden giftige Stoffe wie Quecksilber benutzt, die dann in die Flüsse gelangten. Die Yanomami-Indianer erkrankten, wenn sie das Flusswasser nutzten.

Durch derartige Kontakte mit der modernen Welt veränderten die Yanomami-Indianer ihre Lebensweise. Sie wurden sesshaft, schickten ihre Kinder in die Schule und bauten ihre Häuser nicht mehr ausschließlich mit Naturmaterialien. Dadurch ging aber auch das Wissen um das Leben im tropischen Regenwald verloren.

M13 *Station 4: Leben in immerfeuchten Tropen*

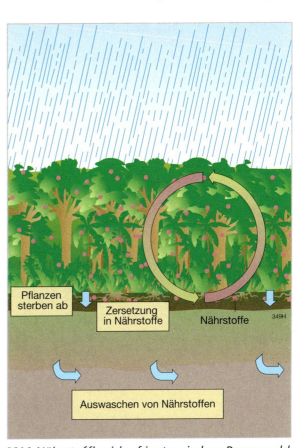

M14 *Nährstoffkreislauf im tropischen Regenwald*

❶ Beschreibe das Leben der Yanomami-Indianer früher und heute (M13).

❷ Wie könnte verhindert werden, dass sich das Leben der Yanomami weiter verändert?

❸ Beschreibe den Nährstoffkreislauf im tropischen Regenwald (M14).

Methode: Bilder beschreiben und auswerten – Lebensräume in Bildern

Ein Bild sagt oft mehr als viele Worte

In Zeitschriften, in Büchern, im Internet – überall findet man Bilder. Sie verraten oft mehr als ein ausführlicher Text.

Aus einem Bild kann man viel erfahren, wenn man es sich genau anschaut.
Am besten erschließt du dir ein Bild in vier Schritten (siehe gelber Kasten).

 **Vier Schritte zur Auswertung eines Bildes**

1. Was? Wo? Wann?
Welchen Ort zeigt das Bild?
Wo und wann wurde es aufgenommen (z. B. zu welcher Tageszeit, zu welcher Jahreszeit)? Oft sagt die Bildunterschrift dazu schon etwas aus.
Wo liegt der Ort, der abgebildet ist? Finde ihn mithilfe des Registers im Atlas.

2. Welche Einzelheiten kann man erkennen?
Sieh dir zunächst den Vordergrund genau an, dann die Mitte, dann den Hintergrund.
Welche Einzelheiten sind dort besonders auffallend? Gibt es zum Beispiel große, auffällige Gebäude? Gibt es Menschen, die etwas tun, oder besondere Naturerscheinungen?

3. Was ist die wichtigste Aussage des Bildes?
Fasse alle Informationen zu einer Kernaussage zusammen.

4. Wie kann man das auf dem Bild Dargestellte erklären?
Wenn du alle Einzelheiten im Zusammenhang betrachtest, was kannst du dann über den abgebildeten Ort und das Leben der Menschen sagen?
Was ist dir bekannt?
Was lernst du Neues?
Hast du schon einmal etwas Ähnliches selbst gesehen, etwas darüber gelesen oder dazu etwas in der Schule gelernt?

TIPP
Eine Skizze kann hilfreich sein, um ein Bild auszuwerten: Lege ein dünnes Papier oder eine Folie über das Bild und zeichne die wichtigsten Linien und Flächen ein. Dabei solltest du Zusammengehöriges mit einer Farbe einfärben.

M1 *Lageskizze zu M2*

❶ Beschreibe das Foto M2 mithilfe der „Vier Schritte zur Auswertung eines Bildes".

❷ Vergleiche:
Wie unterscheiden sich die Landschaften, Gebäude und Menschen auf den Bildern Seite 23 bis 25 M4, M5, M8, M11, M12 und Seite 27 M2?

M2 *Oase in Nordafrika (Marokko)*

Gewusst – gekonnt: Unsere Erde

M1 *Pinguin-Kolonie in der Antarktis*

1. Nenne die Namen der Planeten.

2. Fachbegriffe des Kapitels
Erkläre fünf der Fachbegriffe.

Astronom	Südhalbkugel
Galaxie	Globus
Sonne	Kompass
Planet	Windrose
Mond	Gradnetz der Erde
Rotation	Atlas
Schalttag	Register
Schaltjahr	Planquadrat
Kontinent	Oase
Ozean	Inuit
Erdachse	Regenwald
Äquator	
Nordhalbkugel	

3. Löse das Planetenrätsel in deinem Heft. Die grauen Felder hintereinander ergeben ein Lösungswort.

- der größte Planet
- unser Planet
- acht davon umkreisen die Sonne
- unser Abend- und Morgenstern
- Planet mit vielen Ringen
- Planet, der der Sonne am nächsten ist
- Mars nennt man auch den „…" Planeten
- Zwergplanet

Lernen nach Farben!

Hier am Ende des Kapitels findest du Aufgaben zum Grundwissen und den Fallbeispielen (blau umrandet), zu den Methoden (gelb umrandet), zum Orientierungswissen (grün umrandet) und zum Informationsaustausch (rot umrandet). Du kannst nun selbst dein Wissen und deine Fertigkeiten überprüfen. Viel Spaß dabei!

5. Fragen zum Bild M1
Beschreibe das Foto M1 in folgender Reihenfolge:
1. Was zeigt das Bild und wo wurde es aufgenommen?
2. Was kannst du auf dem Bild erkennen (Vordergrund, Mittelgrund, Hintergrund)?
3. Was ist die wichtigste Aussage des Bildes?
4. Wie kann man das auf dem Bild Dargestellte erklären? Beschreibe Landschaft, Tiere, dir Bekanntes und Unbekanntes.

4. Benenne die sieben Kontinente.

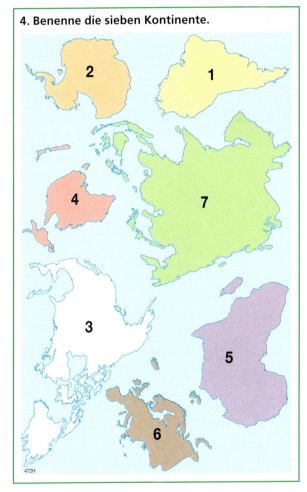

6. Werte den Text aus.
„Endlich geschafft", mit diesem Seufzer lassen sich die Schülerinnen und Schüler ins Gras fallen.

„Dort im Norden liegt der 1214 m hohe Fichtelberg. Auf seinem Gipfel könnt ihr das Fichtelberghaus erkennen."
„Woher wissen Sie denn, dass dort Norden ist?", fragt Kerstin. Zur Bestimmung der Himmelsrichtungen könnt ihr den folgenden Merksatz anwenden: „Im Osten geht die Sonne auf, im Süden ist ihr Mittagslauf, im Westen wird sie untergehen, im Norden ist sie nie zu sehen."

Schon in früheren Zeiten haben sich die Menschen nach der scheinbaren Bahn der Sonne am Himmel orientiert und Himmelsrichtungen festgelegt.
Ein genaues Hilfsmittel zur Bestimmung der Himmelsrichtungen ist der Kompass. Ein Kompass besteht aus einer Magnetnadel, die sich auf einer Spitze über einer Windrose frei drehen kann. Weil sich die Erde wie ein riesiger Magnet verhält, zeigt die Magnetnadel immer genau in die magnetische Nordrichtung.

Aber auch ohne Kompass lassen sich näherungsweise die Himmelsrichtungen bestimmen. In einer klaren Nacht kann der Polarstern zur Orientierung herangezogen werden. Aber auch andere Hinweise helfen uns, die Himmelsrichtungen zu erkennen: An frei stehenden Bäumen findet man an der feuchteren, sonnenabgewandten Westseite häufig einen grünen Überzug aus Moosen und Flechten. Einen recht genauen Hinweis geben auch alte Kirchen. Sie sind so gebaut, dass der Altarraum im Osten ist. Der Turm und die Eingangshalle befinden sich im Westen.

7. Nenne die rot markierten Himmelsrichtungen.

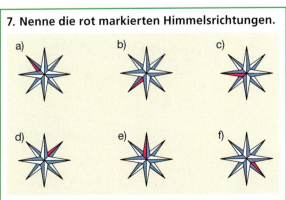

8. Erkläre deinem Banknachbarn, wie Tag und Nacht auf der Erde entstehen.
Verwende die Begriffe: Erde, Sonne, Erdachse, Rotation.

Orientierung in Deutschland

Orientierung im Nahraum

Deutschland – von Norden nach Süden

M1 *Die Großlandschaften Deutschlands*

M3 *Norddeutsches Tiefland*

INFO

Norddeutsches Tiefland
Land, das flach bis sanft gewellt ist. Erhebungen bis etwa 200 Meter Höhe. An seiner Südgrenze befinden sich die **Börden**.

Mittelgebirgsraum
Bergland mit abgerundeten, bewaldeten, bis 1500 m hohen Höhenzügen und lang gestreckten Tälern.

Alpenvorland und Alpen
Das Alpenvorland zeigt nur geringe Höhenunterschiede. Es steigt von 300 m südlich der Donau auf 800 m am Alpenrand an.
Die Alpen sind ein **Hochgebirge** mit meist steilen Bergzügen. Sie erreichen in Deutschland Höhen von 1500 bis 3000 m und sind von tiefen und oft engen Tälern zerschnitten.

Zum Norddeutschen Tiefland zählt der Küstenraum von Nord- und Ostsee. Wie heißt die westlichste der Ostfriesischen Inseln?

❶ „Norddeutsches-Tiefland-Rätsel": Mit diesen Silben kannst du die Namen von sieben Landschaften des Norddeutschen Tieflandes bilden:
a) FRIES – OST – LAND; b) LEN – BUR – SCHE – MECK – GI – PLAT – SEEN – TE; c) LAND – VEL – HA; d) LAND – MÜNS – TER; e) HEI – GER– LÜ – DE – NE – BUR; f) DER – BRUCH – O; g) SCHEN – MAR – DITH
(Atlas, Karte: Deutschland – physisch).

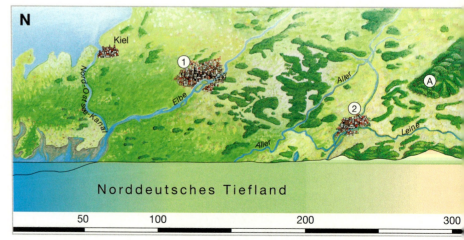

M2 *Von der Küste bis zu den Alpen – ein Landschaftsquerschnitt*

M4 *Mittelgebirgsraum*

M5 *Alpenvorland und Alpen*

Deutschland hat viele Mittelgebirge. Welches liegt deinem Wohnort am nächsten?

Kennst du die beiden höchsten Berge in den deutschen Alpen: die Z.gs…ze und den W.tz..nn? Wie hoch sind sie?

❷ „Mittelgebirgspuzzle": Gebirge – Berg – Höhenangabe. Füge in dieser Reihenfolge die folgenden „Puzzleteile" zusammen: Schwarzwald, Eifel, Bayerischer Wald, Harz, Erzgebirge – Fichtelberg, Brocken, Feldberg, Hohe Acht, Großer Arber – 747 m, 1493 m, 1215 m, 1456 m, 1142 m (Atlas).

❸ „Ammerchiemstarnbergerboden" – Welche vier Seen im Voralpenland stecken in diesem Namen (Atlas)?

❹ Ermittle die Nord-Süd- und die West-Ost-Ausdehnung von Deutschland (Atlas).

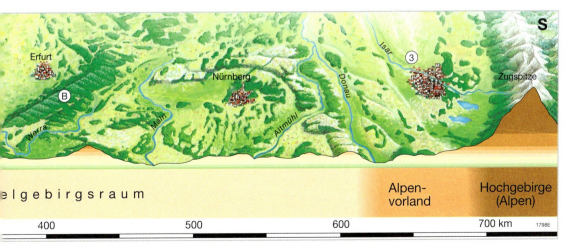

Findest du die Namen der Städte (1–3) und der Gebirge (A, B) mithilfe des Atlas?

Grundwissen / Übung

Belgien

Niederlande

Dänemark

Polen

Luxemburg

Frankreich

Schweiz

Österreich

Tschechien

Die Bundesrepublik Deutschland – ein Land in Europa

Die Bundesrepublik Deutschland liegt in Mitteleuropa. Mit einer Fläche von rund 357 000 km² (Quadratkilometer) gehört sie zu den großen Staaten Europas. In Deutschland lebten 2010 etwa 82 Mio. Menschen. Damit nimmt unser Heimatland hinter Russland den 2. Platz in Europa ein. Neun Staaten grenzen an die Bundesrepublik Deutschland. Ihre größten Nachbarstaaten sind Frankreich und Polen.

Deutschland gehört zu den wirtschaftlich bedeutenden Staaten der Erde und ist Mitglied der **Europäischen Union (EU)**. Wie in Deutschland zahlen die Menschen auch in anderen Staaten der EU mit der gemeinsamen Währung, dem Euro.

Deutschland – ein Bundesstaat

Zur Bundesrepublik Deutschland gehören 16 Bundesländer. Jedes Bundesland hat seine eigene Landeshauptstadt und eine eigene Landesregierung. Die Bundeshauptstadt ist Berlin.

Die 16 Bundesländer sind unterschiedlich groß. 13 Bundesländer werden als Flächenländer bezeichnet. Bayern ist das größte Bundesland und das Saarland das kleinste. Zudem gibt es noch die drei Stadtstaaten Berlin, Hamburg und Bremen. Sie sind Bundesland und Stadt zugleich.

Unser Bundesland Sachsen

Im östlichen Teil Deutschlands befindet sich unser Bundesland Sachsen. Die Landeshauptstadt ist Dresden. Hier hat auch die Landesregierung ihren Sitz.

An Sachsen grenzen im Norden Brandenburg, im Südwesten Bayern, im Westen Thüringen und im Nordwesten Sachsen-Anhalt. Das Bundesland Sachsen grenzt im Süden an Tschechien und im Osten an Polen. Mit beiden Staaten pflegt Sachsen enge Beziehungen, vor allem in den Grenzregionen.

M1 *Deutschland und seine Nachbarstaaten*

❶ Beschreibe die Lage Deutschlands in Europa.

❷ Ordne die Kfz-Kennzeichen (M1) den Nachbarstaaten Deutschlands zu.

❸ Stelle mithilfe von M1 dar:
a) welche Bundesländer an Sachsen grenzen,
b) welches Bundesland mit den meisten Bundesländern gemeinsame Grenzen hat,
c) welches Flächenland nur mit einem Bundesland gemeinsame Grenzen hat,
d) welche Bundesländer an die Nordsee bzw. Ostsee grenzen,
e) durch welche Bundesländer die Elbe fließt.

❹ Ordne die Bundesländer nach Flächengröße und Einwohnerzahl (M2).

Bundesland	Fläche (in km²)	Einwohner	Hauptstadt	weitere große Städte (mindestens 100 000 Einw.)
Baden-Württemberg	35 751	10 744 920	Stuttgart	Mannheim, Karlsruhe, Freiburg
Bayern	70 552	12 510 331	München	Nürnberg, Augsburg, Würzburg
Brandenburg	29 481	2 511 525	Potsdam	Cottbus
Hessen	21 115	6 061 951	Wiesbaden	Frankfurt/Main, Kassel, Darmstadt
Mecklenburg-Vorpommern	23 185	1 651 216	Schwerin	Rostock
Niedersachsen	47 625	7 928 815	Hannover	Braunschweig, Osnabrück, Oldenburg
Nordrhein-Westfalen	34 086	17 872 763	Düsseldorf	Köln, Essen, Dortmund, Duisburg
Rheinland-Pfalz	19 853	4 012 675	Mainz	Ludwigshafen, Koblenz
Saarland	2 569	1 022 585	Saarbrücken	–
Sachsen	18 418	4 168 732	Dresden	Leipzig, Chemnitz
Sachsen-Anhalt	20 447	2 356 219	Magdeburg	Halle
Schleswig-Holstein	15 799	2 832 027	Kiel	Lübeck
Thüringen	16 172	2 249 882	Erfurt	Gera
Berlin	891	3 442 675		–
Bremen	404	661 716		Bremerhaven
Hamburg	755	1 774 224		–

M2 *Die 16 Länder der Bundesrepublik Deutschland 2010*

Grundwissen/Übung

M1 *Landestypische Gerichte in Deutschland*

Wie leben wir Deutschen?

Die Bevölkerung Deutschlands wird immer älter. Heute leben schon mehr ältere Menschen als Kinder und Jugendliche. Auch die Lebenserwartung der Bevölkerung steigt. Sie liegt für Männer bei 77 Jahren und für Frauen bei 82 Jahren.

In Deutschland leben gegenwärtig mehr als sieben Millionen Menschen ausländischer Herkunft. Die größte Bevölkerungsgruppe stammt aus der Türkei. Es gibt aber auch Minderheiten, die traditionell ihre Heimat in Deutschland haben. Das sind die dänische Minderheit und die der Sorben (M3–M6).

M2 *Feierlicher Almabtrieb von Kühen in den Alpen im Herbst*

Regionale Unterschiede in der Sprache

Alle Einwohner Deutschlands gebrauchen die deutsche Sprache. Es gibt jedoch verschiedene Dialekte, die sich in ihrer Aussprache und in der Bedeutung der Wörter unterscheiden. Der Berliner spricht anders als der Sachse oder der Bayer. Auch werden für den gleichen Gegenstand in den Regionen Deutschlands unterschiedliche Begriffe verwendet. So sagt man in Teilen Sachsens zum Brötchen Semmel, in Berlin heißt es Schrippe oder Wecke in Baden-Württemberg.

Regionale Unterschiede in der Küche

Wie auch in vielen anderen Ländern gibt es keine einheitliche deutsche Küche (M1). Dabei wird oft ein und dasselbe Gericht in verschiedenen Regionen unterschiedlich zubereitet. Im Norden steht zum Beispiel mehr Fisch auf der Speisekarte als im Süden, da er im Meer und an den Flussmündungen gefangen werden kann.

Regionale Unterschiede in den Trachten

Trachten gibt es in allen Bundesländern. Zu besonderen Anlässen tragen die Bayern die Gebirgstracht mit Lederhose und Dirndl, die Bremer die Bremische ländliche Tracht und die Sachsen im Erzgebirge die Bergmannsuniform.

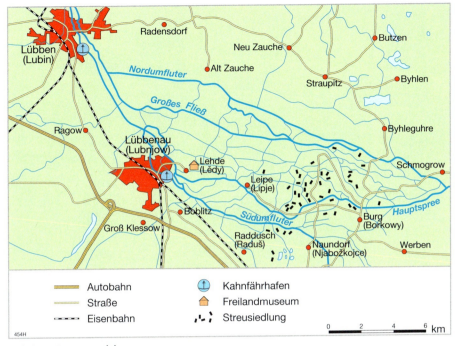

M3 *Der Spreewald*

1. Fasse Merkmale der Bevölkerung Deutschlands zusammen.

2. Ordne die Gerichte in M1 den Bundesländern zu.

3. Finde weitere Beispiele für regionale Gerichte (M1).

4. Begründe, warum verschiedene Kulturen für Deutschland eine Bereicherung sind.

5. Nenne Räume, in denen Trachten getragen werden. Suche ein Bild dazu heraus.

Zwischen dem Spreewald und dem Lausitzer Bergland (M3, M5) leben etwa 40 000 sorbische Bürger gemeinsam mit deutschen Bürgern. In Brandenburg bezeichnen sie sich selbst als Wenden.

Die Zweisprachigkeit ist eine Besonderheit dieser Region: Ortsschilder, Straßennamen und Geschäfte tragen deutsche und sorbische Namen. Zeitungen erscheinen in Sorbisch, und in den Schulen wird auch Sorbisch gelehrt. Sorbisch hat Gemeinsamkeiten mit der tschechischen Sprache. Die Sprache der Wenden hat aber noch mehr Verbindungen mit der polnischen Sprache.

Die Sorben sind die Nachkommen slawischer Völker, die vor etwa 1400 Jahren im Zuge der Völkerwanderung aus dem Osten Europas kamen. In ihrer Geschichte mussten sie immer wieder um ihre Kultur kämpfen. Viele alte sorbische Bräuche sind aber heute noch lebendig, zum Beispiel die Vogelhochzeit oder das Ostereierverzieren. Zu besonderen Anlässen werden auch die alten Trachten getragen (M6).

Die Verfassungen von Brandenburg und Sachsen garantieren den Sorben ihre Rechte auf Kultur und Traditionen.

M4 *Die Sorben in Brandenburg und Sachsen*

M5 *Siedlungsgebiet der Sorben/Wenden*

M6 *Trachten tragende sorbische Frauen beim Ostereierverzieren*

Übung: Raumbeispiel Spreewald

M1 *Senkrechtluftbild der Innenstadt von Zwickau*

Methode: Mit Karten arbeiten – vom Bild zur Karte

So entsteht aus einem Luftbild eine Karte

Vom Flugzeug hat man einen sehr guten Überblick über die Landschaft. Je höher man steigt, desto weniger Einzelheiten kann man aber auch erkennen. Wälder wirken nur noch wie eine grüne Fläche und Straßen wie graue Bänder. Luftbilder geben so einen Eindruck einer Landschaft wieder. **Schrägluftbilder** (M2) werden von schräg oben aufgenommen. Auf ihnen kann man gut Höhenunterschiede in der Landschaft sehen.

In **Senkrechtluftbildern** (M1) kann man das nicht sehen. Dafür gewinnt man einen guten Überblick über das fotografierte Gebiet. Man erkennt zum Beispiel genau den Verlauf von Verkehrswegen oder die Lage von Gebäuden.

Will man jedoch mehr über das fotografierte Gebiet wissen, dann muss man eine **Karte** (M3) anschauen. Darin sind viele zusätzliche Informationen eingetragen und unwichtige Einzelheiten weggelassen. Ähnliche Gebäude werden zum Beispiel zu einer roten Fläche zusammengefasst. In der **Legende** der Karte wird erklärt, was die einzelnen Flächenfarben und die Kartenzeichen bedeuten. Die Kartenzeichen nennt man **Signaturen**.

M2 *Schrägluftbild der Innenstadt von Zwickau (fotografiert in Süd-Ost-Richtung)*

Grundwissen

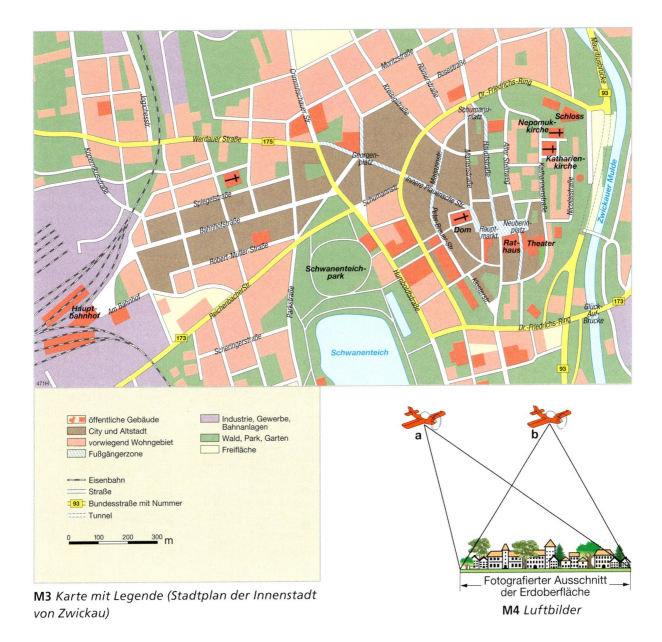

M3 *Karte mit Legende (Stadtplan der Innenstadt von Zwickau)*

M4 *Luftbilder*

① Finde auf der Karte (M3) und dann im Senkrechtluftbild (M1)
a) den Dom St. Marien;
b) den Bahnhof.

② Erstelle eine Tabelle, in die du die Unterschiede zwischen Schrägluftbild, Senkrechtluftbild und Karte einträgst.

③ Lege ein Transparentpapier über M1 (oder kopiere M1). Zeichne die Durchgangsstraßen, die Fußgängerzone und die Parks und Grünflächen in unterschiedlichen Farben an. Zeichne nun Signaturen für die Kirchen. Erstelle zu dieser „Karte" eine Legende.

④ Benenne die Luftbilder a und b in M4.

⑤ Finde im Schrägluftbild M2
a) den Dom St. Marien;
b) das Rathaus;
c) die Glück-Auf-Brücke sowie
d) das Theater Plauen-Zwickau.

Übung: Raumbeispiel Zwickau

Unterschiedliche Karten

Eine Karte stellt stark verkleinert die gesamte Erdoberfläche dar oder auch nur einen bestimmten Teil von ihr. Zusätzlich liefert sie zu dem abgebildeten Raum zahlreiche Informationen:

In **physischen Karten** (M1) sind unter anderem Gebirge, Tiefland, Flüsse und Meere, Verkehrslinien und Siedlungen eingezeichnet. Mit ihnen kann man am besten einen Überblick über einen Raum gewinnen, so als flöge man im Flugzeug darüber.

Thematische Karten (M2) geben Informationen zu einem bestimmten Thema: zum Beispiel zur Bevölkerungsverteilung, zur landwirtschaftlichen Nutzung oder zu Freizeiteinrichtungen.

Um sich schnell orientieren zu können, sind Karten in der Regel „genordet", das heißt, oben befindet sich immer Norden, unten befindet sich immer ..., rechts ..., links ...

Von Höhen und Tiefen

Auf physischen Karten und auch auf manchen thematischen Karten (zum Beispiel Wanderkarten) kann man die Landhöhen ablesen.

Sie werden durch **Höhenlinien** und **Höhenschichten** dargestellt. Höhenlinien verbinden alle Punkte, die in derselben Höhe über dem Meeresspiegel liegen. Höhenschichten sind die Flächen zwischen zwei Höhenlinien. Sie sind farbig ausgemalt. Mit zunehmender Höhe wechseln die Farben von Dunkelgrün über Gelb nach Dunkelbraun. Dadurch werden die Oberflächenformen anschaulich. Liegen die Höhenlinien weit auseinander bzw. sind die Höhenschichten breit, dann ist das Gelände flach.

Um die Landschaft noch plastischer wirken zu lassen, werden in manchen Karten noch die Schatten der Berge eingezeichnet. Dies bezeichnet man als **Schummerung**.

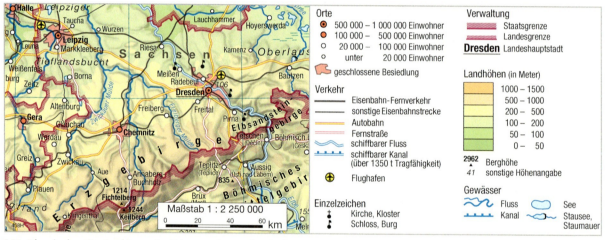

M1 *Physische Karte (Ausschnitt aus einer physischen Karte von Deutschland)*

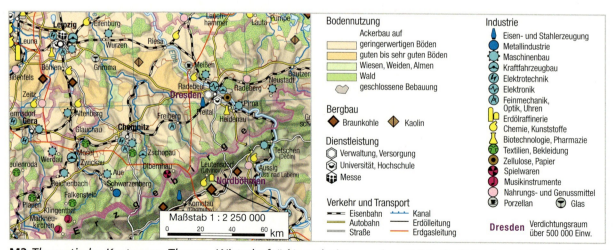

M2 *Thematische Karte zum Thema „Wirtschaft" (Ausschnitt aus einer Wirtschaftskarte von Deutschland)*

① **Bild**

② **Blockbild**

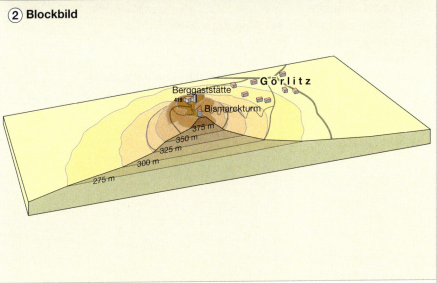

③ **Karte**

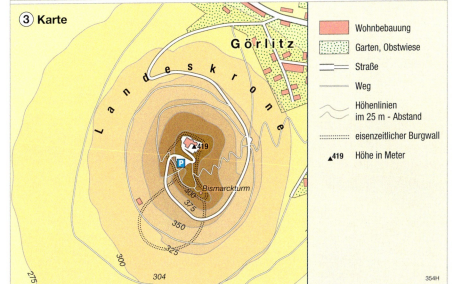

M3 *Die Landeskrone bei Görlitz als Bild, Blockbild und Karte*

Übung: Raumbeispiel Landeskrone bei Görlitz

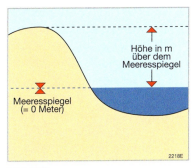

M4 *Höhenmessung vom Meeresspiegel aus (Die Angabe der Höhe in Meter über dem Meeresspiegel lautet abgekürzt „m ü. M." oder „m ü. NN": „Meter über Normal Null".)*

❶ Suche im Atlas zwei physische und vier thematische Karten. Nenne den abgebildeten Raum und bei den thematischen Karten zusätzlich das Thema.

❷ a) Wie hoch liegen Dresden, Plauen und Leipzig über dem Meeresspiegel (M1, Atlas)?
b) Wie hoch liegt Görlitz (M3)?
c) Wie hoch liegt der Gipfel der Landeskrone über der Stadt Görlitz (M3)?

❸ a) Am Bahnhof eures Ferienortes siehst du das Schild M5. Was bedeutet es?
b) Wo auf dem Weg zur Landeskrone könnte es ungefähr angebracht sein (M3)?

M5

Der Maßstab – ein Maß für die Verkleinerung

Eine Karte ist ein verkleinertes Abbild der Erdoberfläche! – Aber wie stark ist die Verkleinerung? Wie kann ich auf einer Wanderkarte die Entfernungen bestimmen? Wie kann ich auf einer Weltkarte den Abstand zwischen zwei Städten berechnen?

Das „Zauberwort" heißt **Maßstab**. Der Maßstab gibt an, wie stark die Karte gegenüber dem Original, nämlich der Natur, verkleinert ist. Zum Beispiel bedeutet 1 : 100 (sprich „eins zu hundert"), dass ein Zentimeter auf der Karte 100 Zentimetern in der Natur entspricht. Ein Meter in der Natur ist also auf einen Zentimeter in der Karte verkleinert. Je größer die Zahl hinter dem Doppelpunkt ist, desto stärker ist die Verkleinerung und die Vereinfachung (**Generalisierung**). So werden z. B. auf einer Karte 1:100 mehr Einzelheiten abgebildet als auf einer Karte 1:1000000. Durch diese Generalisierung sind Karten immer etwas ungenau. Die Ungenauigkeit nimmt zu, je kleiner der Maßstab ist. Damit man Entfernungen auf der Karte schnell abschätzen kann, gibt es meist neben der Angabe des Maßstabs noch eine **Maßstabsleiste** (M1).

M1 *Maßstabs leisten*

INFO 1

kleiner Maßstab – großer Maßstab

Ist die Zahl hinter dem Doppelpunkt klein (z. B. 1 : 10), dann spricht man von einem großen Maßstab, ist die Zahl sehr groß (z. B. 1 : 16 000 000), dann spricht man von einem kleinen Maßstab.

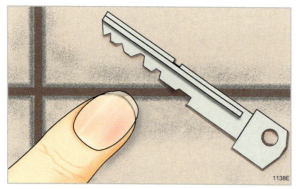

M2 *Maßstab 1 : 1*

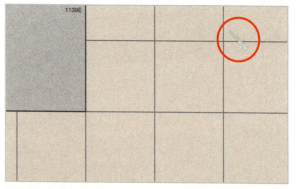

M3 *Maßstab 1 : 10*

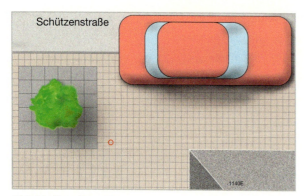

M4 *Maßstab 1 : 100*

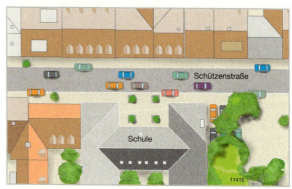

M5 *Maßstab 1 : 1000*

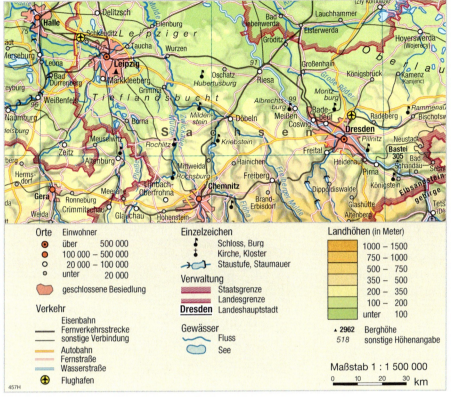

M6 *Physische Karte im Maßstab 1:1 500 000*

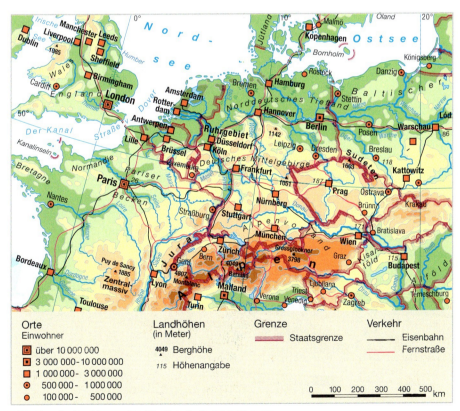

M7 *Physische Karte im Maßstab 1:16 000 000*

INFO 2

Maßstabsrechnen
Der Maßstab der Karte M7 ist 1:16 000 000 sprich: „eins zu sechzehn Millionen".
1 cm auf dieser Karte sind in Wirklichkeit 16 000 000 cm = 160 000 m = 160 km.

❶ Ordne die Maßstäbe vom kleinsten zum größten: 1:50 000, 1:4 000 000, 1:7 000, 1:500 000, 1:120 000.

❷ Vervollständige folgende Sätze:
Der Schlüssel ist umso größer, je … der Maßstab ist, und er ist umso kleiner, je …
(M2–M5).

❸ Woran erkennst du, dass M7 gegenüber M6 stark generalisiert ist? Erkläre.

❹ Berechne in M7 die Luftlinie in Kilometern zwischen Dublin und
a) Breslau;
b) London;
c) Nürnberg.

❺ Finde acht Karten im Atlas mit unterschiedlichem Maßstab. Erstelle eine Tabelle: Gib den Titel, den Maßstab, die Kartenart und die Seitenzahl an.

METHODE

Grundwissen / Übung

M1 *Lage von Berlin in Deutschland*

Die größte Stadt Deutschlands – die Bundeshauptstadt Berlin

Berlin ist die Hauptstadt der Bundesrepublik Deutschland und die größte deutsche Stadt. Hier leben fast dreieinhalb Millionen Menschen, das heißt mehr als in Hamburg und München zusammen. Berlin ist auch die größte deutsche Industriestadt. Mehr als 200 000 Menschen arbeiten in Fabriken und Handwerksbetrieben.

Im Folgenden kannst du an einer Busfahrt teilnehmen und vier Berliner Stadtviertel näher kennenlernen.

Die Reiseleiterin erläutert:

„Hinter uns liegen Kanzleramt und Bundestag, vor uns sehen Sie den Potsdamer Platz. Das Brandenburger Tor links ist das Wahrzeichen von Berlin.

Wir queren gerade das sogenannte Regierungsviertel. Seit 1990 ist Berlin Hauptstadt des wiedervereinigten Deutschland. Es mussten viele Regierungsgebäude errichtet sowie Straßen-, U- und S-Bahn-Linien erneuert werden. Dafür haben wir bisher etwa eine Milliarde Euro ausgegeben. Ist erst alles fertig, wird dieses Viertel die Stadt und das ganze Land bei unseren Gästen sicherlich würdig repräsentieren."

M2 *Rundfahrt durch das Regierungsviertel*

Schloss Bellevue ist Sitz des Bundespräsidenten. Er ist das Staatsoberhaupt Deutschlands und vertritt unser Land im In- und Ausland.

Der Reichstag ist Sitz des Deutschen Bundestages. Hier tagen die gewählten Vertreterinnen und Vertreter unseres Volkes. Sie entscheiden über Gesetze.

Das Bundeskanzleramt ist Sitz der Bundeskanzlerin oder des Bundeskanzlers. Das Amt des Bundeskanzlers, als Chef der Regierung, ist das dritthöchste in der Bundesrepublik – nach dem Bundespräsidenten und dem Bundestagspräsidenten.

M4 *Wer hat wo seinen Sitz?*

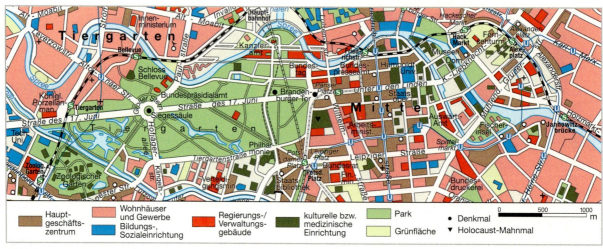

M3 *Das Zentrum von Berlin – Karte der Flächennutzung*

Übung: Raumbeispiel Berlin

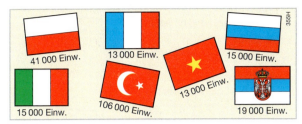

M5 Bevölkerungsreichste Ausländergruppen in Berlin (Türken, Polen, Serben, Italiener, Russen, Vietnamesen, Franzosen);
Gesamtzahl der Ausländer 2010: 450 000

M6 Straßenszene in Kreuzberg

Die Reiseleiterin erläutert weiter:
„Kreuzberg ist der kleinste und am dichtesten bebaute Stadtteil von Berlin. Mit seinen zahlreichen Cafés, Bars und Kneipen ist er besonders bei jungen Touristen beliebt. Hier wohnen die meisten Ausländer, vor allem Türken. Daneben gibt es aber auch viele Serben und Polen. Berlin ist mit etwa 106 000 Türken die größte türkische Stadt außerhalb der Türkei.
Kreuzberg ist ein multikultureller Stadtteil. Hier gibt es zum Beispiel deutsche, türkische und italienische Geschäfte und Restaurants. Man spricht auch verschiedene Sprachen. In den dicht an dicht stehenden Häusern wohnen und arbeiten zahlreiche Menschen. Typisch sind kleine Handwerksbetriebe wie Wäschereien, Reparaturbetriebe, Reinigungen oder Schneidereien."

M7 Kreuzberg: „multikulti"

❶ Finde die Regierungsgebäude auf der Karte M3. Schreibe ihre Namen in einer von dir selbst zu wählenden Reihenfolge auf, z. B. von Westen nach Osten oder alphabetisch.

❷ Bundespräsident, Bundeskanzler, Bundestag:
a) Wo sind sie untergebracht?
b) Was tun sie?
Mach dir Notizen und schreibe anschließend einen zusammenhängenden Text (M4).

❸ Finde im Atlas (Karte: Berlin Innenstadt/City) den Sitz des Bundespräsidenten, der Bundeskanzlerin und des Deutschen Bundestages. Beschreibe die Orte so genau wie möglich (z. B. Stadtteil, Straße, Fluss).

❹ a) Ordne die Ausländergruppen in M5 der Größe nach. Ermittle vorher die Nationalitäten (z. B. mithilfe des Atlas).
b) Orientiere dich: Nenne die Hauptstädte der Länder, aus denen die Ausländergruppen kommen (Atlas).

◀ **M8** Renovierter Wohnblock in Kreuzberg.
Die Abbildung zeigt den Teil des Wohnblocks, der zur Straße hin ausgerichtet ist. Dahinter befinden sich Seiten- und Querflügel, die einen Innenhof einschließen. Hier sind ebenfalls Wohnungen, aber auch Räume für eine gewerbliche Nutzung untergebracht, zum Beispiel für Handwerksbetriebe.

Übung: Raumbeispiel Berlin

Die Reiseleiterin erklärt:

„Jetzt sind wir in der City. Hinter uns liegen Mehringplatz und Hallesches Tor. Vor uns ist eine der berühmtesten Straßen im Zentrum Berlins, die Friedrichstraße. Sie ist – neben dem Kurfürstendamm – die Straße mit den meisten Geschäften. Über vier Millionen Touristen besuchen jährlich diese luxuriöse Flanier- und Einkaufsmeile.

In der Friedrichstraße befinden sich Shoppingcenter wie die Friedrichstadtpassagen mit zahlreichen Läden, Galerien und Restaurants sowie das Lafayette-Kaufhaus. Dies alles sollten Sie selbst erleben und das städtische Lebensgefühl genießen, das an Paris oder New York erinnert.

Und wenn Sie dabei nicht müde geworden sind, machen Sie weiter am Potsdamer Platz. Dort finden Sie in den riesigen Einkaufsarkaden über 100 Geschäfte. Da ist Shoppen ohne Stoppen angesagt!"

M7 *Fahrt durch die Friedrichstraße, die teuerste Einkaufsstraße in Berlin*

Die Reiseleiterin erklärt weiter:

„Wir biegen jetzt in den Großen Stern ein mit der Siegessäule in der Mitte. Kaiser Wilhelm I. hat sie 1873 erbauen lassen in Erinnerung an seine militärischen Erfolge. Weil die Siegesgöttin Victoria hoch oben in luftiger Höhe bei Sonnenschein weithin so golden leuchtet, wird sie von den Berlinerinnen und Berlinern auch ‚Gold-Else' genannt.

Vor uns erstreckt sich nun zu beiden Seiten der Straße der Tiergarten. Er ist eine der ‚grünen Lungen' Berlins. Dieser riesige Park mit Wiesen und Teichen ist ein wichtiges Naherholungsgebiet. Hier können sich die Menschen vom Stress ihrer täglichen Arbeit erholen. Sie gehen spazieren, joggen, spielen Fußball, fahren Fahrrad oder Inliner, grillen, rudern auf dem Neuen See und liegen ganz einfach faul in der Sonne oder sitzen entspannt in einem der Cafés. An Wochenenden und bei schönem Wetter ist hier oft mehr los als in den Museen."

M8 *Fahrt durch den Tiergarten*

In Berlin befinden sich:			
Sportvereine	1909	Gymnasien	108
Hallenbäder	53	Gesamtschulen	53
Kinderspielplätze	1842	Universitäten und	
Kinos	284	Hochschulen	31
Museen	147	(Datenstand 2007)	

M9 *Zahlen, die in Deutschland unübertroffen sind*

1 Waldbühne
2 Olympiastadion
3 Messegelände
4 Deutschlandhalle
5 Funkturm
6 ICC (Internationales Congress Centrum)
7 Charlottenburger Schloss
8 Kaiser-Wilhelm-Gedächtniskirche

M10 *Die „Galeries Lafayette" sind ein kleines Stück Frankreich in Berlin. Besonders vertreten sind hier internationale Mode und französische Spezialitäten, wie zum Beispiel Wein und Käse.*

INFO

Berlin – geteilt und wiedervereint

Nach dem Zweiten Weltkrieg (1939–1945) wurde Berlin in West- und Ostberlin aufgeteilt. Ostberlin war die Hauptstadt der Deutschen Demokratischen Republik (DDR), und Westberlin gehörte zur Bundesrepublik Deutschland. Von 1961 bis 1989 war Westberlin von einer Mauer umgeben, und die Verbindungen mit Ostberlin und der DDR waren unterbrochen. Mit der Wiedervereinigung der beiden deutschen Staaten im Jahr 1990 wurde die Mauer abgerissen und Gesamtberlin wieder die Hauptstadt Deutschlands.

M11 *Sehenswürdigkeiten in Berlin*

a) Reichstag
b) Siegessäule
c) Brandenburger Tor
d) Fernsehturm am Alexanderplatz
e) Kaiser-Wilhelm-Gedächtniskirche
f) Charlottenburger Schloss
g) Funkturm
h) ICC

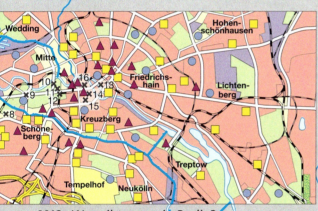

M12 *Was gibt es wo in Berlin?*

9 Siegessäule im Tiergarten
10 Bundeskanzleramt
11 Reichstagsgebäude
12 Brandenburger Tor
13 Fernsehturm am Alexanderplatz
14 Staatsoper
15 Musikhochschule
16 Humboldt-Universität

❶ Erstelle eine Liste der Gebäude in M11 von Westen nach Osten mithilfe der Karte M12.

❷ Die Stadttour auf den Seiten 44–47 hat dich durch vier Berliner Stadtviertel geführt.
a) Notiere in einer Tabelle stichpunktartig, was für diese Stadtviertel charakteristisch ist.
b) Erstelle Steckbriefe dreier Sehenswürdigkeiten in Berlin (Reiseführer, Lexikon, Internet, Bibliotheksbücher).

❸ Miss die Entfernung (M12)
a) von der Siegessäule zum Berliner Fernsehturm;
b) vom Olympiastadion zum Reichstagsgebäude sowie
c) von der Humboldt-Universität zum Schwimmbad im Bezirk Tempelhof.

M13 *Im Tiergarten (mit Siegessäule und Schloss Bellevue)*

Übung: Raumbeispiel Berlin

Methode: Orientierung mit Stadtplan und Netzplan – Berlin erkunden

Einen Stadtplan lesen

Ein **Stadtplan** enthält die Straßen einer Stadt, die Bebauung, Grünanlagen, die Namen von Stadtteilen und wichtigen Gebäuden. Außerdem zeigt er den Verlauf von einigen Linien des öffentlichen Nahverkehrs, zum Beispiel von S- und U-Bahnen. Über den Plan ist ein Gitternetz gelegt. So entstehen Planquadrate, zum Beispiel L17. In einem beigefügten Register sind die Straßen und Gebäude mit ihren Angaben im Gitternetz aufgeführt.

❶ Nenne die Namen der Straßen, an denen die Bundesdruckerei im Planquadrat M17 liegt (M1).

❷ Jenny wohnt in der Neuenburger Straße (N16–17). Sie will zur Straße Werder Markt (L17). Welchen Weg schlägst du ihr vor (M1)?

❸ Zwischen welchen S-Bahn-Stationen befindet sich der S-Bahnhof Potsdamer Platz (M15 in M1)?

❹ In welchen Planquadraten liegen in M1
a) das Brandenburger Tor,
b) die Alte Nationalgalerie (= ein Museum)?

M1 *Stadtplan von Berlin (Ausschnitt)*

Einen Netzplan lesen

Ein **Netzplan** zeigt die Linien der öffentlichen Verkehrsmittel in einer Stadt.

Die einzelnen Linien sind farblich unterschiedlich dargestellt. Ihre Nummer steht in der Regel an ihrem Anfang und Ende. Die jeweiligen Haltestellen sind mit ihren Namen aufgeführt.

Auf manchen Netzplänen sind die verschiedenen Tarifzonen, das heißt die Fahrgeldbereiche, eingetragen.

❺ Unter welcher Straße fährt die U6 vom Oranienburger Tor bis zum Halleschen Tor (M2, M1)?

❻ a) Welche U-Bahn nimmst du, um von der Uhlandstraße zur Warschauer Straße zu kommen (M2)?

b) Liste die Namen der Bahnhöfe auf, die du durchfährst (M2).

❼ Max wohnt in Bernau und will mit der S-Bahn zum Hauptbahnhof. Notiere, welche Bahnen er nimmt und an welcher Station er umsteigt (M2).

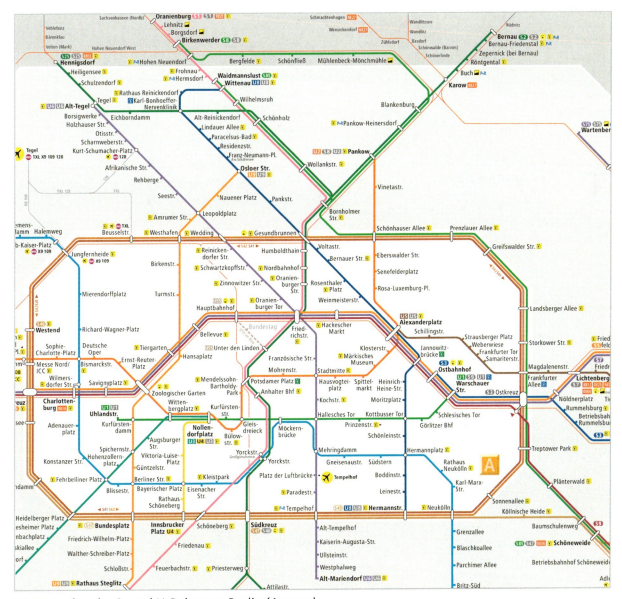

M2 *Netzplan der S- und U-Bahn von Berlin (Auszug)*

Grundwissen/Übung

Gewusst – gekonnt: Orientierung in Deutschland

Welche Stadt ist kein Stadtstaat?
a) Bremen
b) Düsseldorf
c) Hamburg

Wie heißt das größte Bundesland?
a) Bayern
b) Nordrhein-Westfalen
c) Niedersachsen

Wie heißt die Hauptstadt von Hessen?
a) Berlin
b) Stuttgart
c) Wiesbaden

1. Klassenquiz: Wer wird Länderchampion?

Material

Ihr benötigt kleine Karten, auf denen ihr eure Fragen notiert. Besonders gut eignen sich zu diesem Zweck „Karteikarten", die ihr vorgefertigt im Schreibwarengeschäft kaufen könnt. Sie sind in den Größen DIN A6 oder DIN A7 erhältlich. Wenn ihr sie selber herstellen wollt, sollten sie mindestens 10 cm lang und 7,5 cm breit sein.

Vorbereitung

Jeder von euch erstellt Fragekarten zu den Bundesländern und ihren Hauptstädten (siehe linker Rand). Auf die Rückseite schreibt ihr die richtigen Antworten. So erhaltet ihr einen ganzen Klassensatz Fragen.
Sortiert anschließend Fragekarten aus, die doppelt gestellt worden sind.

Durchführung

a) Mit eurem Tischnachbarn: Stellt euch gegenseitig zehn Fragen. Wer die meisten richtigen Antworten gegeben hat, ist Sieger.
b) In der Klasse: Einer von euch stellt sich den Fragen der Klasse. Bei einer falschen Antwort muss er sich setzen und ein neuer Kandidat kommt nach vorne. Die Anzahl der richtigen Antworten wird gezählt. Wer die meisten richtigen Antworten hat, ist Sieger.

2. Wir suchen einen Schatz

Seeräuber haben vor langer Zeit einen Schatz auf Maula-Paula versteckt. Jetzt ist eine Beschreibung zum Versteck aufgetaucht.

1. Sucht die Stelle, wo der Schatz vergraben ist.
2. Legt ein Transparentpapier über die Karte und zeichnet den Weg zum Schatz und die Fundstelle ein. Um sicher zu sein, ob ihr an der richtigen Stelle grabt, ein Hinweis: Genau im Osten seht ihr den Turm des zweiten Forts in 3 km und die NO-Spitze der Insel in 4 km Entfernung.
3. Weil die Schatzkiste schwer ist, sucht einen Rückweg, der bequem, aber auch nicht zu weit ist.
4. Ermittelt den Maßstab der Karte.
5. Erklärt anhand der Karte, warum die Südküste unzugänglicher als die Nordküste ist.

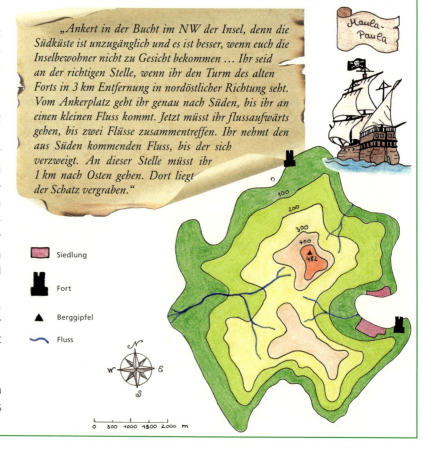

„Ankert in der Bucht im NW der Insel, denn die Südküste ist unzugänglich und es ist besser, wenn euch die Inselbewohner nicht zu Gesicht bekommen ... Ihr seid an der richtigen Stelle, wenn ihr den Turm des alten Forts in 3 km Entfernung in nordöstlicher Richtung seht. Vom Ankerplatz geht ihr genau nach Süden, bis ihr an einen kleinen Fluss kommt. Jetzt müsst ihr flussaufwärts gehen, bis zwei Flüsse zusammentreffen. Ihr nehmt den aus Süden kommenden Fluss, bis der sich verzweigt. An dieser Stelle müsst ihr 1 km nach Osten gehen. Dort liegt der Schatz vergraben."

Lernen nach Farben!

Hier am Ende des Kapitels findest du Aufgaben zum Grundwissen und den Fallbeispielen (blau umrandet), zu den Methoden (gelb umrandet), zum Orientierungswissen (grün umrandet) und zum Informationsaustausch (rot umrandet). Du kannst nun selbst dein Wissen und deine Fertigkeiten überprüfen.

3. Wir orientieren uns in Deutschland
a) Beantworte die Fragen von Sven, Juliane und Oliver.
b) Gib an, in welcher Großlandschaft die drei jeweils wohnen.
c) Erkläre, in welcher Landschaft du am liebsten leben möchtest und in welcher weniger gern.

Ich wohne auf der Insel Rügen. Nenne das Meer, das die Insel umgibt.
Sven

Meine Heimatstadt ist Erfurt. Nenne das Gebirge südlich von ihr.
Juliane

Ich bin Oliver und wohne in Gar...-Parten... . Benenne den hohen Berg in der Nähe.
Oliver

4. Vom Bild zur Karte: Dresden–Zentrum
a) Vergleiche Satellitenbild und Stadtplan und entscheide, wie die Sätze richtig heißen müssen.
Die Brücke im Satellitenbild heißt <u>Neue Carolabrücke/Augustusbrücke</u>. Überquert man die Brücke in Richtung Altstadt, trifft man zuerst auf <u>die Hofkirche/die Frauenkirche</u>. Auf dem Satellitenbild ist der Rathausturm <u>zu sehen/nicht zu sehen</u>. Von oben hat der Kulturpalast die Form eines <u>Quadrats/eines Rechtecks</u>.
b) Im Satellitenbild sind an der Anlegestelle Schiffe zu erkennen. Finde heraus, wie mit ihnen die Fließrichtung der Elbe zu bestimmen ist.
c) Beschreibe für einen Touristen einen Weg vom Gebäude der Landesregierung zum Kaufhaus in der Altstadt. Er soll dabei möglichst viele Sehenswürdigkeiten besichtigen.
d) Bestimme die Länge des Weges in c).

Übung

Nord- und Ostseeküste

An der Nordsee

Unsere Küsten an Nord- und Ostsee

Es muss Spaß machen, mit dem Pferdewagen oder zu Fuß im **Watt** unterwegs zu sein (Info S. 55). Aber warum ist kein Wasser da? Die Antwort ist einfach: Es ist Ebbe. Bei anschließender Flut müssen die Menschen das Watt schnell verlassen. Die Wattenküste finden wir an der ganzen Nordseeküste zwischen den Ostfriesischen und den Nordfriesischen Inseln.

In dieser Region münden auch viele Flüsse, z. B. die Elbe, die Weser und die Ems, in die Nordsee. Die Flüsse erweitern sich auf viele Kilometer Breite. Der Mündungsbereich wird aufgrund seiner Ähnlichkeit mit einem Trichter Trichtermündung genannt.

Die Nordsee hat breite Verbindungen zum Atlantischen Ozean. Sie ist ein **Randmeer** des Atlantik. Das Wasser der Nordsee ist salzig. Es enthält 35 Gramm pro Liter.

Die Ostsee ist dagegen fast vollständig vom Festland umschlossen. Nur durch eine schmale Meerenge ist sie mit dem Atlantik verbunden. Sie ist ein **Binnenmeer**. Der Salzgehalt des Ostseewassers ist gering (18 Gramm pro Liter).

Die Ostseeküste ist von ihren Küstenformen her sehr abwechslungsreich. Es gibt lange flache Küsten mit breiten Sandstränden, aber auch Abschnitte, in denen die Küste steil aufragt.

Nur wenige **Inseln** und **Halbinseln** sind der Küste vorgelagert. Die größten sind die beliebten Ferienziele Rügen, Usedom, Fehmarn und Darß-Zingst.

M1 *Die Nordseeküste bei Ebbe*

M2 *Badestrand (Flachküste auf Hiddensee)*

M3 *Der deutsche Küstenraum*

INFO

Küstenformen

Die **Wattenküste** findet man an der Nordsee. Das Watt liegt zwischen dem Festland und den vorgelagerten Inseln. Es ist der Teil des Meeresbodens, der bei **Flut** von Meerwasser bedeckt ist und bei **Ebbe** trockenfällt. Das Watt ist Lebensraum für viele Tiere.

An der Ostseeküste von Schleswig-Holstein gibt es mehrere **Förden**. Das sind schmale, lang gestreckte, tiefe Meeresbuchten, die weit ins Land reichen. Wegen ihrer Tiefe eignen sie sich gut für die Anlage von Häfen.

Bodden sind unregelmäßig geformte, fast völlig vom Land umgebene Meeresteile. Sie sind sehr flach.

❶ Benenne die in M3 eingezeichneten Meere (I und II), Inseln und Inselgruppen (1–6), Städte (A–H) und Flüsse und Kanäle (a–d). Nutze den Atlas.

❷ a) Benenne die an die Nordsee und Ostsee angrenzenden Bundesländer und Nachbarländer Deutschlands in diesem Raum.
b) Ein Bundesland und ein Nachbarland haben Küsten an Nord- und Ostsee. Benenne beide.

❸ Erkläre die Begriffe Rand- und Binnenmeer.

❹ a) Erkläre den Begriff Trichtermündung.
b) Nenne Städte, die an Trichtermündungen liegen.

c) Bestimme die Entfernung der Stadt Hamburg bis zur Nordseeküste (Atlas).
d) Fertige eine Skizze der Odermündung an. Handelt es sich um eine Trichtermündung?

❺ Vergleiche die Nordsee mit der Ostsee. Lege dazu eine Tabelle an (Text).

❻ a) Definiere die Begriffe Halbinsel und Insel.
b) Ordne die nachfolgenden Begriffe in die Tabelle (siehe rechts) ein:

Begriffe: Rügen, Darß-Zingst, Helgoland, Sylt, Fehmarn, Usedom, Ostfriesische Inseln, Nordfriesische Inseln, Hiddensee.

❼ Die wichtigsten Ostfriesischen Inseln heißen von Ost nach West: Wangerooge, Spiekeroog, Langeoog, Baltrum, Norderney, Juist, Borkum. Mithilfe der Eselsbrücke: „Welcher Sportler liegt bis neun im Bett?", kann man sich die Reihenfolge sicher leichter merken.

	Nordsee	Ostsee
Halbinsel	...	...
Insel	...	...

a) Überprüfe, ob die Reihenfolge der ostfriesischen Inseln stimmt.
b) Denkt euch eigene Eselsbrücken aus, z. B. für die Nordfriesischen Inseln, die Ostseeinseln, Hafenstädte usw.

Grundwissen / Übung

M1 *Steilküste auf Rügen*

M2 *Flachküste an der Ostsee*

Steil- und Flachküste

Die Steilküste

Dort, wo die zerstörende Meeresbrandung Erhebungen abträgt, entstehen **Steilküsten**. Der Steilabfall zum Meer hin wird als **Kliff** bezeichnet (M3).

Trifft die Brandung auf die Steilküste, unterhöhlen die Wellen das Kliff. Niederschläge, Frost und Pflanzenwurzeln lockern zusätzlich das Material des Kliffs. So stürzen immer wieder Teile ab. An manchen Steilküsten beträgt der Rückgang des Kliffs etwa 50 Meter in 100 Jahren.

Das abgestürzte Material wird von der Brandung zerkleinert und vom Meer fortgeschwemmt. Die größeren Steine bleiben liegen und bilden den schmalen Blockstrand.

Die Flachküste

An den **Flachküsten** fällt der Strand nur allmählich zum Meer hin ab (M4). Aber auch dieser Küstentyp unterliegt ständiger Veränderung. Das an einigen Küsten abgetragene und zerkleinerte Material wird durch Strömungen entlang der Küste transportiert. Verlangsamt sich die Strömung, kann nicht mehr so viel Sand transportiert werden. Das Material lagert sich ab. Somit wird die ehemals durch **Buchten** gegliederte Küste immer mehr begradigt und ausgeglichen (M6).

Der Wind weht den trockenen Sand des Strandes landeinwärts. So entstehen mächtige Sandanhäufungen, die **Dünen**. Diese sind meist mit Strandhafer, Sträuchern oder auch Bäumen bewachsen. Die Bäume weisen oft einen eigentümlichen Wuchs auf. Durch den meist von See her wehenden Wind wachsen ihre Kronen stärker zur windabgewandten Seite. Deshalb nennt man sie auch **Windflüchter** (M5).

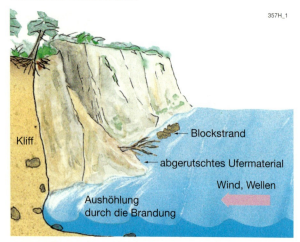

M3 *Aufbau einer Steilküste*

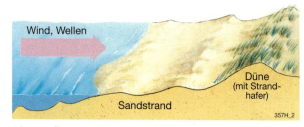

M4 *Aufbau einer Flachküste*

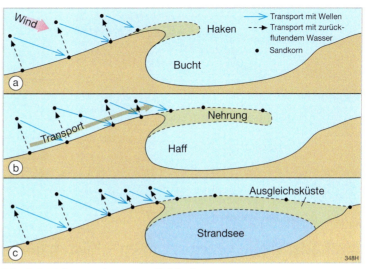

M5 *Windflüchter (Blickrichtung Norden)*

M6 *Entstehung einer Ausgleichsküste*

❶ Beschreibe die Fotos von Steil- und Flachküste (M1, M2).

❷ Jana möchte in den Sommerferien mit ihren Eltern an die Ostsee fahren. Gemeinsam überlegen sie, ob sie besser an einer Steil- oder einer Flachküste Urlaub machen sollten. Was würdest du Jana und ihrer Familie raten?

❸ Ordne die nachfolgenden Begriffe der Steil- bzw. der Flachküste zu. Lege dazu eine Tabelle an.

Begriffe: Blockstrand, Düne, Windflüchter, Brandungshöhle, Sandstrand, Kliff, Strandhafer, Materialabbrüche, Steine, Badestrand
Hinweis: Einige Begriffe gehören in beide Spalten.

❹ Erkläre die Veränderungen an der Steilküste und der Flachküste (M3, M4, Text).

❺ Beschreibe die Entstehung einer Ausgleichsküste. Nutze dazu die Abbildung M6.

❻ Finde mithilfe deines Atlas Gebiete an der Ostsee mit Ausgleichsküsten.

❼ Der Windflüchter auf dem Foto zeigt, aus welcher Richtung der Wind am häufigsten weht. Gib die Himmelsrichtung an.

❽ Erkläre, weshalb der Bürgermeister am Strandzugang das Schild (M8) aufstellen ließ.

M7 *Haken in der Ostsee*

M8 *Warnschild an einer Steilküste*

Grundwissen / Übung

M1 *Steilküste bei Stubbenkamer*

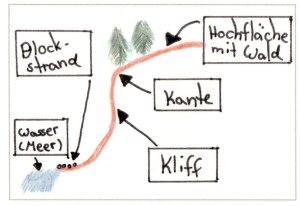
M2 *Profilskizze Stubbenkamer*

Methode: Profilskizzen zeichnen – Küsten intensiver untersuchen

„Die Steilküste bei Stubbenkammer auf Rügen ist ganz weiß", berichtet Nele. „Im Kliff sind viele Steine eingelagert. Auch der schmale Strand ist voll davon. Dahinter ragt die Steilküste fast 100 m auf. Zunächst geht es schräg nach oben, dann verläuft das Kliff fast senkrecht. Die Buchenwälder auf der Steilküste sehen aus wie eine grüne Mütze."

Auch ohne das Foto könnten wir uns durch Neles Beschreibung die Steilküste bei Stubbenkammer schon gut vorstellen. Eine weitere Möglichkeit, Küstenformen, aber auch Berge oder Täler darzustellen, ist das Zeichnen einer Seitenansicht bzw. eines Querschnitts. Dabei lassen sich leicht viele Informationen sichtbar machen, z. B. ein genauerer Verlauf des Kliffs oder die Größen der verschiedenen Teilabschnitte. Solche Querschnitte werden auch als **Profil** bezeichnet.

Um Profile anzufertigen, benötigst du lediglich Stifte und Papier. So lassen sich Landschaften vor Ort ohne großen Aufwand und Schreibarbeit skizzieren.
Profile können aber auch anhand von Fotos, Abbildungen oder Beschreibungen gezeichnet werden.

Vier Schritte zur Erstellung einer Profilskizze

1. Genaues Beobachten von Landschaft bzw. Foto
Betrachte die Landschaft oder das Foto zielgerichtet. Achte auf wesentliche Merkmale und Besonderheiten. Schätze die Höhen und Breiten ab, z. B. durch den Vergleich mit Menschen, Gebüschen oder Bäumen.

2. Skizzieren der Profillinie
Zeichne den Querschnitt. Lege dazu ein Blatt weißes Papier neben oder unter das Foto. Achte auf das Verhältnis von Höhe und Breite. Skizziere nur eine Hauptlinie.

3. Überprüfen der Profilskizze
Vergleiche die Profillinie mit dem Foto bzw. der Landschaft. Verbessere eventuell die Linienführung. Jetzt kannst du auch Pflanzen, große Steine oder andere wichtige Besonderheiten mit einzeichnen. Kleinigkeiten lässt du weg, sie lenken vom Wesentlichen ab.

4. Beschriften der Profilskizze
Finde eine Überschrift bzw. Unterschrift, aus der die Landschaft und der geographische Ort zu entnehmen ist. Wichtige Begriffe (z. B. Kliff, M2) sollten an den entsprechenden Stellen eingetragen werden.

M3 *Steilküste auf Hiddensee*

M4 *Steilküste auf Helgoland*

❶ Nele nimmt mit ihrer Klasse an einem Geländerennen teil. Zuvor liest sie die Beschreibung der Rennstrecke.
„Nach dem Start ist die Strecke eben, dann folgt ein erster flacher Anstieg. Dann geht der Weg ein längeres Stück flach weiter, bis ein steiles Stück, das länger als der erste Anstieg ist, folgt. Oben angelangt geht es allmählich abwärts, bis man wieder die Höhe des Starts erreicht hat. Das letzte Stück bis zum Ziel ist wieder flach."
Zeichne das Profil der Rennstrecke.

❷ a) Zeichne das Profil der Flachküste M5. Nutze die „Schritte zur Erstellung einer Profilskizze".
b) Bezeichne die Abschnitte der Flachküste mit den Fachbegriffen.

❸ Steilküsten können in verschiedensten Formen auftreten (M3, M4).
a) Vergleiche die Steilküsten der Insel Helgoland in der Nordsee und der Steilküste auf Hiddensee in der Ostsee.
b) Zeichne von beiden Steilküsten eine Profilskizze.
c) Woran könnte das unterschiedliche Aussehen der Profilskizzen liegen?

❹ Jan hatte die Aufgabe, zur Steilküste M3 eine Profilskizze zu zeichnen. Sein Ergebnis hat einige Mängel.
a) Bewerte die Profilskizze von Jan (M6).
b) Zeichne die korrekte Profilskizze der Steilküste.

M5 *Flachküste auf der Insel Hiddensee*

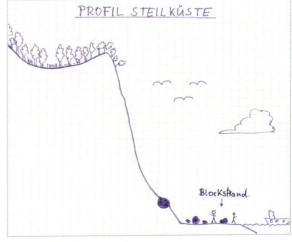
M6 *Profilskizze von Jan*

METHODE

Grundwissen/Übung

M1 *Wattwanderung bei Ebbe*

M2 *Urlauberin bei Ebbe und Flut*

Lange hielt sich der Glaube, dass die Götter die Gezeiten verursachen. Die Griechen machten sich um das Jahr 300 als Erste Gedanken über die wahren Ursachen für das „Atmen" des Meeres. Sie vermuteten bereits, dass der Mond etwas mit Ebbe und Flut zu tun habe.
Die Entstehung der Gezeiten hat mehrere Ursachen: die Drehung der Erde um die eigene Achse und die Anziehungskraft des Mondes und der Sonne. So zieht z.B. auf der einen Seite der Erde der Mond das Wasser an. Hier herrscht Flut. Auf der gegenüberliegenden Seite der Erde entsteht ebenfalls ein Flutberg. Er kommt durch die Fliehkraft der Erde zustande (ähnlich einem Kettenkarussell). Zwischen den Flutbergen herrscht Ebbe.

M3 *Ebbe und Flut*

An der Nordseeküste

Die Nordseeküste zeigt ein völlig anderes Bild als die Ostseeküste. Sie besteht überwiegend aus Flachküste. Hier erstreckt sich in einer Breite von bis zu 20 Kilometern das **Wattenmeer**. An der Grenze zwischen Wattenmeer und offenem Meer liegen zahlreiche Düneninseln, die West-, Ost- und Nordfriesischen Inseln.

Man kann an der Nordsee eine merkwürdige Erscheinung beobachten. Zweimal pro Tag fällt das Wasser und zweimal steigt es wieder. Etwa sechs Stunden lang bewegt sich das Wasser vom Land weg. Die Bewegung des ablaufenden Wassers nennt man **Ebbe**. Das **Watt**, eine graue Fläche aus Sand und feuchtem Schlick, fällt trocken. Das Meerwasser fließt in diesem Zeitraum durch tiefe, verzweigte Rinnen, die **Priele** genannt werden, ab (M1). Viele Feriengäste nutzen die Ebbe zu Wanderungen durch das Watt. Der Wasserspiegel der Nordsee sinkt in dieser Zeit um über drei Meter. Am Ende herrscht Niedrigwasser, das bedeutet, dass der niedrigste Wasserstand erreicht ist.
Die Ebbe ist nun beendet und die **Flut** setzt ein. Die Urlauber müssen zügig das Watt verlassen. Der Wasserspiegel steigt etwa sechs Stunden an und überflutet das Watt wieder. Wenn der höchste Wasserstand erreicht ist, herrscht Hochwasser. Ebbe und Flut bezeichnet man als **Gezeiten**.

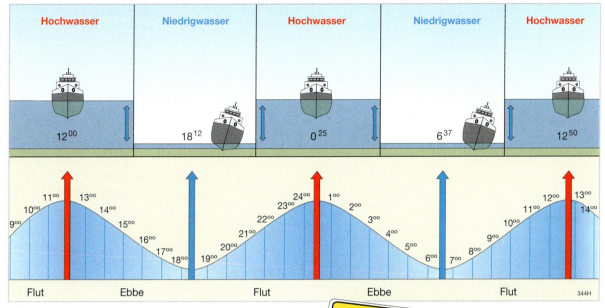

M4 *Ablauf der Gezeiten*

❶ Erkläre die Begriffe Wattenmeer und Priel.

❷ a) Erkläre die Begriffe Ebbe, Flut, Niedrigwasser, Hochwasser und Gezeiten (Tide).
b) Beschreibe den Ablauf der Gezeiten (M4).
c) Berechne den Zeitunterschied zwischen Hochwasser und Niedrigwasser (M6).

❸ Familie Müller verbringt ihren Urlaub an der Nordsee. Gleich am ersten Tag (5. Samstag) wollen Jens und Anna im Meer schwimmen. Es ist 16 Uhr. Doch sie werden von anderen Urlaubsgästen gewarnt, dass das Baden im Meer um diese Zeit gefährlich sei.
a) Finde heraus, ob das stimmt (M7).
b) Notiere, wann an diesem Tag Badezeit ist (M7).
c) Erkläre Jens und Anna, wovon die Badezeiten abhängen (M6, M7).
d) Begründe, warum das Baden außerhalb der Badezeiten gefährlich ist.

❹ Erkläre, welche Bedeutung die Gezeiten für den Badebetrieb und den Schiffsverkehr haben.

❺ Begründe die Wichtigkeit der Verhaltensregeln für Touristen an der Nordseeküste (M5).

❻  In der Ostsee sind keine Gezeiten zu beobachten. Vermute, woran das liegt, und forsche nach den Ursachen dafür (z. B. www.blinde-kuh.de).

Verhaltensregeln für Urlauber
1. Baden ist nur bei Flut und an bewachten Stellen erlaubt, denn es gibt tückische Strömungen.
2. Gehe nie ohne einen Gezeitenkalender ins Watt. Beginne deine Wanderung bei ablaufendem Wasser.
3. Bleibe in Sichtweite der Küste.
4. Unternimm eine größere Wanderung nur mit einem einheimischen Führer.
5. Bei Wetteränderungen und Nebel wandere sofort zurück.

M5 *Hinweisschild, um Unfälle zu vermeiden*

Tag	Uhrzeit			
	Hochwasser		Niedrigwasser	
5 Sa.	03:20	15:20	09:24	22:07
6 So.	04:05	16:08	10:08	22:53
7 Mo.	04:51	16:59	10:57	23:41
8 Di.	05:42	17:56	11:54	–
9 Mi.	06:38	19:01	00:36	13:00
10 Do.	07:39	20:09	01:39	14:12
11 Fr.	08:40	21:12	02:43	15:20
12 Sa.	09:35	22:07	03:41	16:19

M6 *Aus dem Tidekalender*

Tag	Badezeit	Tag	Badezeit
5. Sa.	12:30–15:20 Uhr	9. Mi.	16:00–18:00 Uhr
6. So.	13:00–16:00 Uhr	10. Do.	17:00–18:00 Uhr
7. Mo.	14:00–17:00 Uhr	11. Fr.	–
8. Di.	15:00–17:50 Uhr	12. Sa.	–

M7 *Badezeiten*

Grundwissen / Übung

M1 *Seerobben an der Nordsee*

Lebensraum Wattenmeer

Nirgendwo auf der Erde gibt es ein so großes zusammenhängendes **Watt**gebiet wie an der Nordseeküste. Es erstreckt sich auf etwa 3500 Kilometer. Die Gezeiten schaffen in diesem Bereich einen einzigartigen Lebensraum.

Die Pflanzen und Tiere haben sich in einem langen Zeitraum an die wechselnden Bedingungen zwischen Trockenfallen bei Ebbe und Wasserbedeckung bei Flut angepasst. Neben einer Vielzahl von Algen und Pflanzen gibt es hier über 2000 Tierarten. Die kleinsten sind nur unter dem Mikroskop sichtbar. Dagegen werden Seehunde (M1) bis zu zwei Meter lang.

Jedes Jahr kommen zahlreiche Touristen an die Wattenküste. Wo aber zu viele Menschen sind, wird die Natur verdrängt. Um die Schönheit und Vielfalt des **Wattenmeers** zu erhalten, sind große Teile unter besonderen Schutz gestellt: 1985 entstand der Nationalpark Wattenmeer. Seit dem Sommer 2009 ist das Wattenmeer – wegen seiner Einzigartigkeit auf der Erde – auch auf die **UNESCO-Liste des Welterbes der Menschheit** aufgenommen.

M2 *A) Muschelbank, B) Großer Brachvogel*

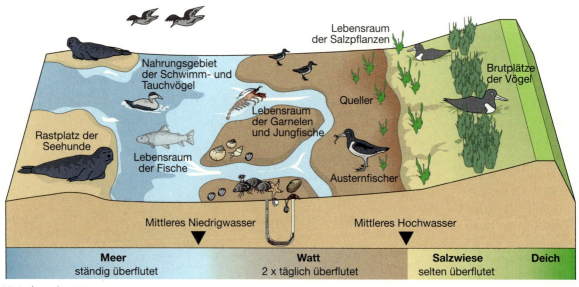

M3 *Leben im Wattenmeer*

Wir treffen unseren Wattführer von der „Schutzstation Wattenmeer" am Strand. Die Ebbe hat bereits vor einiger Zeit eingesetzt.

Bald lassen sich die ersten Lebensspuren mit den Füßen ertasten: glitschige, bräunliche Algen. Sie bilden die Nahrungsgrundlage für viele Wattbewohner. Auffällig sind die kleinen Häufchen, die wie Spaghetti aussehen (M6). Mithilfe eines Spatens finden wir in 30 bis 40 cm Tiefe den Verursacher, den Wattwurm (M5). Er lebt in einer u-förmigen Röhre und frisst den Sand. Dabei verdaut er die organischen Substanzen und scheidet den Sand als Kothäufchen wieder aus. Beim Graben finden wir auch viele Muscheln, wie z.B. die Herzmuschel. Sie filtert bis zu drei Liter Meerwasser pro Stunde und nimmt dabei Nahrung auf.

Bald sind wir an einem Priel angekommen, den wir durchwaten. Große Priele können gefährlich werden, denn sie sind tief und ihr Sog bei ablaufendem Wasser ist sehr stark. In der Ferne sehen wir riesige Vogelschwärme. Für zehn Millionen Watt- und Wasservögel ist das Watt der natürliche Lebensraum. Im flachen Wattwasser machen sie Jagd auf Würmer, Schnecken, Muscheln, Krebstiere und kleine Fische. Zugvögel nutzen das Watt als Rastgebiet zum Auftanken der Energiereserven.

Auf den von uns entfernt liegenden Seehundbänken können wir mit dem Fernglas Seehunde erkennen. Es gibt so viel zu entdecken, doch der Wattführer drängt zum Rückweg. Die Flut kommt schnell durch die Priele heran und überflutet in kürzester Zeit die Wattflächen. Manchmal wird unachtsamen Wattwanderern der Rückweg an den Strand abgeschnitten, dann sind sie in Lebensgefahr.

M4 *Unterwegs im Watt*

M5 *Wattwurm*

❶ Finde mithilfe des Atlas heraus, welche Bundesländer Anteil am Wattenmeer haben.

❷ a) Beschreibe, was sich in den einzelnen Bereichen des Wattenmeers ändert (M3).
b) Welche Tiere und Pflanzen leben in den einzelnen Bereichen, die in M3 gezeigt werden?

❸ Erkläre, warum die Wattenküste häufig als Speisekammer und Kinderstube für Vögel bezeichnet wird.

❹ Was ist bei einer Wattwanderung zu beachten (M4)?

❺ Die Wattenmeerbereiche und ihre Pflanzen und Tiere stehen miteinander in Beziehung. Erläutere (M3).

❻ Erstelle mithilfe von Lexika, Büchern oder Internet Steckbriefe für drei Tiere oder Pflanzen der Abbildungen. Vermerke: Name, Nahrung, Vorkommen im Watt, Gast oder im Watt lebend.

M6 *Wattwurmkot*

Grundwissen/Übung

63

Küstenschutz

Sturmfluten gefährden die Küste

Das Land an der Nordseeküste liegt nur wenige Zentimeter über dem Meeresspiegel. Es würde immer wieder überflutet, wenn es nicht durch **Deiche** geschützt wäre. Mit dem Deichbau begannen die Menschen an der Nordseeküste vor ungefähr 1000 Jahren. Bis zu dieser Zeit baute man die Häuser auf Hügel, die man mühsam aufgeschüttet hatte. Diese „**Warften**" ragten dann bei größeren Überschwemmungen wie Inseln aus dem Meer. Auf den **Halligen**, die in der Regel nicht eingedeicht sind, ist das heute noch so (M6).

Die ersten Deiche waren recht niedrig. Heute sind sie fast neun Meter hoch und am Deichfuß bis zu 96 Meter breit.

Wenn bei einer Flut der höchste Wasserstand erreicht wird und gleichzeitig ein schwerer Sturm das Wasser gegen die Küste treibt, dann kann es zu einer **Sturmflut** kommen. Das Wasser steigt dann zwei bis drei Meter höher als normal, sodass die Flüsse nicht mehr ins Meer abfließen können. Jetzt erweist sich, ob die Deiche halten, denn zu dieser Zeit sind sie einem besonders hohen Wasserdruck ausgesetzt. Die Überschwemmungsgefahr hält einige Stunden an. Bei Ebbe sinkt der Wasserstand und die Lage entspannt sich.

Bei Sturmflut kommt es immer wieder zu Deichbrüchen (M2). Dann ergießt sich das Wasser sturzartig in das hinter dem Deich liegende Land.

17.02.1164:
Julianenflut
Einbruch des Jadebusens, 20 000 Tote.

16.01.1362:
Große Mannsdränke
Einbruch des Dollart, 100 000 Tote.

16.10.1634:
Zweite Große Mannsdränke
Zerstörung der Insel Nordstrand, 9 000 Tote.

16./17.02.1962:
Hamburger Sturmflut
Zahlreiche Deichbrüche, 315 Tote.

M1 *Besonders schwere Sturmfluten*

M3 *Bei einer Sturmflut mit Nordwestwind steigt der Wasserstand bedrohlich an.*

M2 *Deichbruch bei der Sturmflut 1962*

1962 kam es zum Beispiel zu einer verheerenden Sturmflut in Hamburg.

Einer der Rettungsarbeiter berichtete: „Wir standen am Deich und sahen, wie das tosende Wasser höher und höher stieg. Die Wellen donnerten über den Deich hinweg und stürzten die Innenböschung hinunter. Das überfließende Wasser hat den Deich von hinten regelrecht ausgewaschen. Schließlich war er so dünn, dass er brach. Die Wassermassen drückten ihn von vorn einfach weg. Das Wasser ergoss sich über die Wiesen, Äcker, Häuser und Straßen hinter dem Deich. Diese Sturmflut war eine Katastrophe."

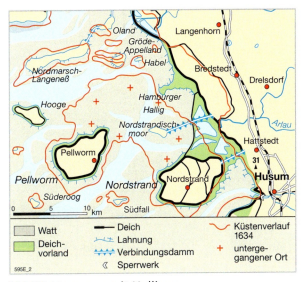

M4 *Wattenmeer mit Halligen*

M7 *Lage der Halligen*

❶ a) Erkläre, wie es zu einer Sturmflut kommen kann (M3, Text).
b) Beschreibe, wie sich die Menschen vor dem Bau der Deiche vor Sturmfluten schützten.

❷ Berichte, wie sich die Menschen auf den Halligen bei einer Sturmflut verhalten (M5, Text).

❸ Vergleiche das Leben von Kindern auf der Hallig Hooge mit deiner Situation. Denke an Einkauf, Schule, Arzt, Post und Freizeit.

❹ Die große Insel Nordstrand wurde von einer Sturmflut zerstört. Es blieben nur noch drei Reste übrig.
a) Erkläre den Namen dieser Sturmflut (M1).
b) Notiere die Namen der heutigen Inseln (M4).

❺ Außer den Halligen gibt es an der schleswig-holsteinischen Nordseeküste noch zahlreiche Sandbänke und Düneninseln wie zum Beispiel Föhr (Atlas, Karte: Küstenlandschaften – Wattenküste). Lege Transparentpapier auf die Atlaskarte und zeichne die Umrisse der heutigen Inseln und die Küstenlinie ab. Beschrifte deine Zeichnung und kennzeichne die Halligen mit einer anderen Farbe.

❻ „Wer nicht will deichen, muss weichen", sagt man an der Nordseeküste. Erkläre diesen Ausspruch.

❼ Die Halligen dienen als „Wellenbrecher" für das Festland. Erläutere (M5).

Die Halligen – überschwemmt bei Sturmflut

An der schleswig-holsteinischen Nordseeküste wurde durch den Anstieg des Meeresspiegels und durch mehrere verheerende Sturmfluten die ehemalige Küste zerstört. Übrig geblieben sind kleine Inseln, die Halligen.

Die Halligen werden bei Sturmfluten überschwemmt. Dann ist „Land unter". Nur die Häuser und die Stallungen schauen aus dem Wasser, weil sie auf künstlichen Hügeln errichtet sind. In die Häuser wurden Schutzräume eingebaut. Diese sind durch Stahlgerüste so verstärkt, dass sie stehen bleiben, auch wenn das Haus von den Fluten weggerissen wird. Hier befinden sich auch Notvorräte mit Lebensmitteln, Kerzen und Medikamenten.

M5 *Die Halligen*

M6 *Hallig Hooge: Niedrigwasser, Hochwasser und Sturmflut (Land unter)*

Übung: Raumbeispiel Halligen

M1 *Küstenfischerei*

M2 *Hochseefischerei*

Fischfang in Nord- und Ostsee

Fischstäbchen sind für viele Kinder eine ihrer Lieblingsspeisen. Fisch an sich ist sehr gesund, da er viel Eiweiß, Vitamine und Mineralstoffe enthält. Außerdem ist er fett- und kalorienarm und gut verdaulich. An der Nordsee- und Ostseeküste wird er neben vielen anderen Meerestieren (wie z. B. Krabben) seit Jahrtausenden gefischt. Auch heute verdienen noch viele Menschen ihren Lebensunterhalt mit Fischerei oder in der Fischindustrie.

M3 *Kabeljau*

Die meisten Fische werden heute mit großen Schlepp- bzw. Grundnetzen gefangen. Sie werden hinter dem Schiff durch das Wasser oder über den Meeresboden gezogen. Technische Hilfsmittel wie Radar und Echolot helfen bei der Ortung der Fischschwärme. Starke Motoren holen die vollen Netze über das Heck (= hinterer Teil des Schiffes) ein (M2). Nach dem Einholen wird der Fang nach Fischarten sortiert. Auf größeren Schiffen werden die Fische auch gleich ausgenommen, entgrätet und eingefroren.

Die Mehrzahl der deutschen Fangschiffe arbeitet jedoch in Küstennähe und betreibt **Küstenfischerei** (M1). Sie fangen Heringe, Makrelen, Flundern, Seelachse, Aale, in der Nordsee auch Krabben bzw. Garnelen. Die Fischer kehren mit ihren Kuttern fast täglich an ihre Hafenstandorte zurück und beliefern den örtlichen Handel mit frischem Fisch.

M4 *Laura isst ein Fischstäbchen*

Auf den etwa 100 Meter langen Fang- und Fabrikschiffen der **Hochseefischerei** wird dagegen rund um die Uhr gearbeitet. Sie können wochenlang auf See bleiben und über 1000 Tonnen tiefgefrorenen Fisch von einer Fahrt mitbringen. Der Fang wird an Großhändler verkauft und dann weiterverarbeitet.

Lange Zeit wurden Fischstäbchen aus Kabeljau gefertigt. Dieser Fisch kann bis zu 2 Meter lang und 100 Kilogramm schwer werden. Aber durch immer modernere Fangmethoden sind die meisten Fanggründe des Kabeljaus überfischt. So kommt der Fisch im Stäbchen nicht mehr aus der Nordsee, sondern aus amerikanischen oder asiatischen Meeren.

❶ Erkläre die Begriffe Küstenfischerei und Hochseefischerei.

❷ Die beiden Diagramme M5 A und B zeigen die Entwicklung des Nordsee-Kabeljaus.
a) Beschreibe die Entwicklung des Kabeljaus in der Nordsee.
b) Erkläre den Inhalt der Diagramme M5 A und B.
c) Welche Zusammenhänge gibt es zwischen beiden Diagrammen.

❸ Der von der Hochseefischerei gefangene Fisch wird in der Fischindustrie zu unterschiedlichen Produkten verarbeitet (M7).
a) Beschreibe die Verarbeitung von Fisch.
b) Erkläre, was ein Schnitzel mit der Fischerei zu tun haben kann.

❹ Beschreibe M6 und erkläre, was der Zeichner mit dieser Karikatur erreichen möchte.

❺ Viele Fischbestände der Nord- und Ostsee sind heute von Überfischung bedroht.
a) Erkläre den Begriff Überfischung.
b) Die Küstenfischer sind oft verärgert, dass sie nur noch eine bestimmte Menge an Fisch pro Jahr fangen dürfen. Begründe den Ärger der Küstenfischer.

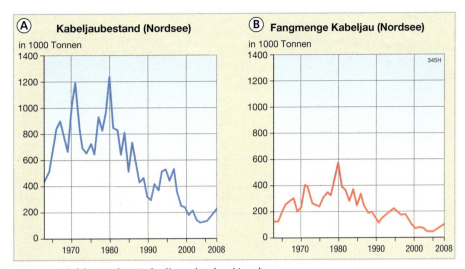

M5 *Entwicklung des Kabeljaus in der Nordsee*

M6 *Fisch, ein Nahrungsmittel der Zukunft?*

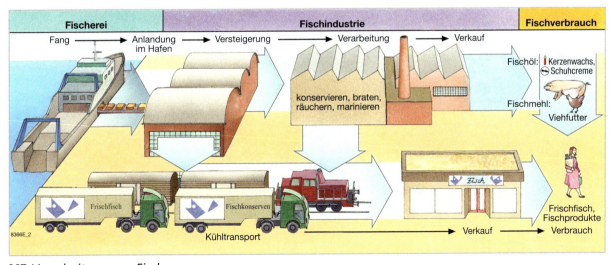

M7 *Verarbeitung von Fisch*

Grundwissen / Übung

M1 *Teil des Hamburger Hafens im Schrägluftbild*

Häfen – Knotenpunkte des Welthandels

Täglich fahren Tausende von Schiffen aus der ganzen Welt die großen **Seehäfen**, wie z. B. Shanghai in China, Los Angeles in den USA oder Rotterdam in den Niederlanden, an. Der größte deutsche Seehafen ist der Hamburger Hafen. Hier werden jährlich viele Millionen Tonnen Güter eingeführt (importiert) und ausgeführt (exportiert). Auf Autobahnen, Straßen und Schienenwegen erfolgt der schnelle Weitertransport der Güter.

Massengüter wie Getreide, Kohle, Erdöl und Erze haben den größten Anteil am Umschlag. Mit Getreidehebern können über 1000 Tonnen Getreide pro Stunde aus den Schiffen gepumpt werden.
Maschinen, Kaffee und Baumwolle werden in Kisten, Säcken und Ballen transportiert. Sie reisen als **Stückgut**. Ihr Umschlag erfolgt mithilfe großer Drehkräne.
Heute werden drei Viertel aller Stückgüter in **Container** gepackt. Sie haben eine Länge von 6,1 Meter sowie eine Breite und Höhe von je 2,4 Meter. Container sind platzsparend und deren Verladung erfolgt mit genormten Kränen. In einigen Häfen braucht man für die Umladung eines Containers nur fünf Minuten. Kurze Umschlagzeiten sind im Hafen wichtig, denn die Besitzer der Schiffe müssen bis zu 50 000 US-Dollar Liegegebühr pro Tag bezahlen.

Häfen sind aber nicht nur Umschlagplätze für Güter, sondern auch moderne Industriestandorte. So gibt es z. B. im Hamburger Hafen viele Fabriken, Mühlen für Getreide, Kaffeeröstereien, Erdölraffinerien sowie ein Stahlwerk. Wichtige Arbeitgeber sind auch die Werften, in denen Schiffe gebaut und repariert werden.

> **Der Hamburger Hafen in Zahlen:**
> - Gesamtfläche des Hafens: etwa 100 km²
> - Länge der Anlegeplätze (Kais): fast 70 km
> - Tiefe der Hafenbecken: durchschnittlich 13,5 m
> - Hafenbahn: 670 km Gleislänge
> - Hafenstraßen: 185 km Länge
> - Abfertigung von ca. 40 000 Schiffen pro Jahr
> - Güterumschlag: 118,9 Mio. t
> - vom Hafen abhängige Arbeitsplätze: ca. 140 000

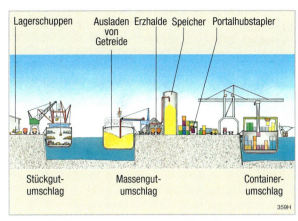

M2 *Verladen von Massen- und Stückgut*

	Güterumschlag in Mio. t	
	2004	2009
Hamburg	99,5	118,9
Wilhelmshaven	44,9	40,5
Bremerhaven/Bremen	45,4	63,5
Rostock	16,3	21,3
Lübeck	19,2	21,3
Alle Nordseehäfen	**218,2**	**258,8**
Alle Ostseehäfen	**51,1**	**58,9**

M3 *Güterverkehr wichtiger deutscher Seehäfen*

❶ Beschreibe das Bild M1 und erkläre den Begriff Seehafen.

❷ a) Erkläre den Unterschied zwischen Massengütern und Stückgütern.
b) Ordne die Fotos M4–M7 den Klassen Massengut und Stückgut zu.
c) Begründe, dass es in Seehäfen verschiedene Anlegeplätze geben muss.
d) Ordne nachfolgende Waren jeweils den Begriffen Massengut und Stückgut zu.

Waren: Tee, Kohle, Autoreifen, Mobiltelefone, Weizen, Windkraftanlagen, Benzin, Zement, Weihnachtsbaumschmuck, Bananen

e) Welche Stückgüter (Aufgabe 2d) können in Containern transportiert werden?

❸ Eine Buntstiftfirma plant den Transport eines Containers von Nürnberg nach Shanghai.
a) Vergleiche die Größe eines Containers mit deinem Klassenzimmer.
b) Schätze, wie viele Buntstifte in einen Container passen.
c) Beschreibe die Reiseroute des Containers von Nürnberg nach Shanghai (Atlas) und die benutzten Transportmittel (Lkw, Eisenbahn, Schiff).

❹ a) Beschreibe die Lage der größten deutschen Seehäfen (M3) in der Atlaskarte.
b) Vergleiche den Güterumschlag der Häfen (M3).

❺ Begründe die große Anzahl von Industriebetrieben in der Nähe von Häfen (Text).

❻ Der Hamburger Hafen ist der größte deutsche Seehafen (S. 68, „Der Hamburger Hafen in Zahlen").
a) Ermittle die Entfernung von Hamburg bis zum offenen Meer (Atlas).
b) Die Lage des Hamburger Hafens in der Trichtermündung der Elbe hat Vor- und Nachteile. Nenne jeweils mindestens einen.
c) Schätze und vergleiche (S. 68, „Der Hamburger Hafen in Zahlen" und M3):
• Wie viele Schiffe werden pro Tag abgefertigt?
• Wie viele Tonnen Güter werden pro Tag be- und entladen?
• Wohin könntet ihr von eurem Heimatort aus fahren, wenn ihr die Gleise und Straßen des Hafens in gerader Linie aneinanderlegen würdet?
• Angenommen, eure Schule würde in einem Hafenbecken stehen: Überprüfe, ob das Dach aus dem Wasser ragen würde. Fragt hierzu in eurer Schule nach den notwendigen Zahlen.
• Wie oft passt euer Schulgelände auf den Hamburger Hafen?

M4 *Kohletransport*

M5 *Autotransport*

M6 *Öltransport*

M7 *Containertransport*

 **Fünf Schritte zur Auswertung einer thematischen Karte**

Täglich begegnen dir im Fernsehen oder in der Zeitung **thematische Karten.** Auch in deinem Atlas gibt es davon eine Menge. Du findest eine Liste der thematischen Karten im Sachwortregister des Atlas.
Bei der Auswertung einer thematischen Karte helfen dir folgende Fragen:

1. **Wie lautet das Thema, und welcher Raum ist dargestellt?**
Oft kannst du beides der Kartenunterschrift entnehmen.

2. **Wo liegt der Raum und wie kann man ihn näher beschreiben?**
Oft kannst du dies mithilfe des Registers im Atlas klären.

3. **Wie groß ist das dargestellte Gebiet?**
Nutze dazu die Maßstabsleiste.

4. **Was sind die Karteninhalte?**
Um die Karteninhalte herauszufinden, musst du dir zunächst die Legende anschauen. Stelle fest, was wo und wie oft auf der Karte vorkommt.
Bei der Beschreibung solltest du eine bestimmte Reihenfolge einhalten. Dabei kannst du nach Unterthemen gliedern, zum Beispiel nach der Art der Nutzung oder nach Himmelsrichtungen, zum Beispiel von Westen nach Osten.

5. **Was ist das Wesentliche?**
Fasse zum Schluss die wichtigste(n) Aussage(n) zusammen.

Grundwissen / Übung

M1 *Karte vom Hamburger Hafen*

Methode: Eine thematische Karte auswerten – Ein Hafen hat verschiedene Bereiche

Beispiel für die Auswertung von M1:
1. Die Karte zeigt die Nutzungen im … Hafen.
2. Hamburg liegt an der Elbe, nahe der Mündung in …
3. Der Hafen hat eine Nord-Süd-Ausdehnung von rund 9 km und …
4. Im Bereich von Unterelbe und Süderelbe können Schiffe mit einem Tiefgang von…. in den Hafen fahren. In den anderen Bereichen betragen die Wassertiefen … Die größte Fläche des Hafens ist für den Umschlag von … vorgesehen. Dazu gehören Waltershof, … Im Abschnitt der Süderelbe sind die Hafenbereiche, in die Schiffe fahren, die … geladen haben. Hier wird das Erdöl in … Betrieben zu chemischen Produkten verarbeitet. Es gibt aber auch noch andere Industriebetriebe im Hafen, z. B. … Am Hafenbahnhof Hohe Schaar und im Bereich der Köhlbrandbrücke befinden sich die Hafenumschlaganlagen für … Schiffe. Alle Hafenbereiche sind mit zahlreichen Straßen … verbunden. Erweiterungsflächen für den Hafen sind … vorgesehen.
5. Hamburg, der größte Hafen Deutschlands, liegt … Er wird hauptsächlich genutzt für … Wegen des wachsenden Seeverkehrs wird der Hafen erweitert.

❶ Vervollständige die Auswertung von M1.

❷ Beschreibe in der vorgestellten Schrittfolge den Hafen Rostock (Atlas, Karte: Rostock) oder einen anderen Hafen (z. B. Rotterdam-Europoort).

M2 *Roll-on-/Roll-off-Verfahren für Güter, die auf Güterwaggons oder Lkws transportiert werden*

Grundwissen / Übung

Tourismus im Nationalpark Wattenmeer

M1 *Ranger im Nationalpark mit der „Gelben Karte"*

„Im Nationalpark erleben Sie einzigartige Natur und Begegnungen mit Tieren. Deshalb handeln Sie so, dass die Natur geschützt wird. Blumen pflücken und Feuer machen sind streng untersagt. Bleiben Sie auf den Wegen und genießen Sie die Natur. Oder wollen Sie die Gelbe Karte?"

M2 *Aus einer Informationsschrift eines Nationalparks*

Seit mehr als 20 Jahren sind große Teile des Wattenmeers in der Nordsee zum Nationalpark erklärt. Hier soll sich die Natur weitgehend frei entfalten dürfen. Gleichzeitig musste aber bei der Gründung der Nationalparks darauf geachtet werden, dass Fischerei, Landwirtschaft, Industrie und **Tourismus** die Lebensgrundlage der Küstenbewohner sind. Es war somit ebenso wichtig, dass diese Lebensgrundlage der Bewohner des Raumes nicht vollkommen zerstört wurde.

Im **Nationalpark** gibt es drei verschiedene **Schutzzonen**, in denen unterschiedliche Beschränkungen gelten (M3):
- In der Ruhezone (Zone 1) gelten die strengsten Bestimmungen. Die Zone darf weder betreten noch mit Booten befahren werden. Hier liegen die Brutgebiete der Vögel und die Sandbänke in diesem Raum werden von Seehunden als Ruheplätze genutzt.
- Die Zwischenzone (Zone 2) ist weniger streng geschützt. Wattwandern, Baden, Boot fahren, Fischerei und Jagd sind hier erlaubt.
- Der geringste Schutz besteht in der Erholungszone (Zone 3). Hier finden Ferien- und Kurbetrieb statt. Aber auch Häfen und Industrieanlagen können errichtet werden. Zwischen den einzelnen Schutzzonen 3 bestehen jedoch Unterschiede, da örtlich unterschiedliche Einschränkungen erlassen werden dürfen.

Hin und wieder kommt es zu Problemen, weil manche Menschen die Notwendigkeit solcher Bestimmungen nicht verstehen wollen. Aber wir müssen einsehen, dass wir ohne die Natur nicht leben können. Es ist deshalb notwendig, die „Gesundheit" unserer Umwelt zu schützen.

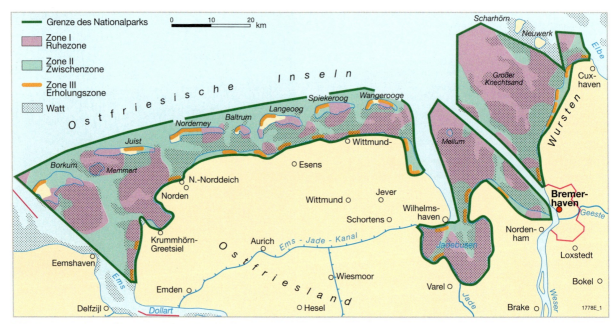

M3 *Nationalpark Niedersächsisches Wattenmeer*

M4 Hinweisschilder aus dem Nationalpark

M6 Lage des Nationalparks Niedersächsisches Wattenmeer

A: „Unsere Firma ist der größte Arbeitgeber und Steuerzahler der Region. Die gute Versorgung mit Kühlwasser und die günstige Abwasserentsorgung sind Gründe, warum wir gerade hier unsere Fabrik haben."

B: „Unsere Familie lebt vom Fang von Fischen, Krabben und Muscheln. Auch die meisten anderen Bewohner unseres Dorfes sind Fischer. Nebenbei verdienen wir auch mit einer Ferienwohnung für Touristen Geld."

C: „Wir machen hier Urlaub, weil hier ein angenehmes Klima ist. Außerdem können wir im Watt Tiere beobachten. Die Menschen leben vom Fremdenverkehr. Sie freuen sich, wenn Gäste kommen."

D: „Das Wattenmeer ist eines der bedeutendsten Naturgebiete Europas und ein einzigartiger Lebensraum. Wir kämpfen als Umweltschützer gegen seine Verschmutzung, welche Tiere und Pflanzen gefährdet."

M5 Argumente von Nutzern und Anwohnern des Wattenmeeres

❶ Entscheide: Was ist die Aufgabe eines Nationalparks?
A: nur Naturschutz,
B: Landwirtschaft und Tourismus ausbauen,
C: Gleichgewicht zwischen Naturschutz und Nutzungen durch den Menschen herstellen

❷ Die Hinweisschilder (M4) zeigen, wie man sich im Nationalpark verhalten muss.
a) Schreibe zu jedem Schild eine Regel auf.
b) Erkläre mögliche Folgen, wenn man sich nicht an diese Regeln hält.
c) Gestalte Hinweisschilder mit den Geboten und Verboten für die drei Zonen.

❸ Am und vom Wattenmeer leben viele Menschen. Sie nutzen diese Landschaft in unterschiedlicher Art und Weise.
a) Nenne Konflikte, die zwischen den Nutzern auftreten können.
b) Erstelle eine Tabelle, in der du die Argumente der verschiedenen Nutzer gegenüberstellst.
c) Bildet Gruppen und diskutiert die Argumente aus M5.

❹ In Deutschland gibt es Nationalparks.
a) Beschreibe mithilfe des Atlas (Karte: Deutschland-Tourismus) die Lage der Nationalparks.
b) Nenne
• den flächengrößten Nationalpark Deutschlands,
• einen Nationalpark in unserem Bundesland Sachsen und
• den südlichsten Nationalpark Deutschlands (Atlas).

Grundwissen / Übung

Urlaub an der Küste

Die großen Ferien nahen. Die Vorfreude bei Eva, Sascha und Jens aus Leipzig ist besonders groß. Sie planen, mit einer Jugendgruppe für zehn Tage an die Küste zu fahren. Sie freuen sich auf Sandstrand, Wellenbaden, Sportwettkämpfe, Radfahren, Disco und eine Strandpromenade mit vielen Geschäften zum Bummeln. Aber sie können sich nicht entscheiden, ob sie die Ostsee oder die Nordsee bevorzugen sollen. Deshalb suchen sie in Reiseprospekten und im Internet nach Informationen.

Trotz aller Unterschiede in den Urlaubsangeboten finden sie eine Menge Gemeinsamkeiten. Beide Räume bieten zahllose Strände, Hotels, Ferienwohnungen, Sport- und Freizeiteinrichtungen. Sie erfahren auch, dass an Nord- und Ostseeküste und vor allem auf den Ferieninseln sehr viele Menschen im Fremdenverkehr (Tourismus) arbeiten, denn mehr als fünf Millionen Gäste im Jahr wollen gut versorgt und unterhalten sein.

Am Ende entscheiden sie sich für die ostfriesische Insel Langeoog (M1). Die vielen Freizeitangebote und der Urlaubsprospekt haben ihnen am besten gefallen. Langeoog hat nur rund 2000 Einwohner, aber jährlich kommen 100 000 Gäste auf die Insel. Es sind Urlauber, die ihre Ferien hier verbringen, aber auch Tagestouristen.

Was macht die Insel so attraktiv? Dieser Frage wollen wir auf den Seiten nachgehen. Aber es geht auch darum zu untersuchen, wie der Tourismus die Insel Langeoog verändert hat.

M1 *Die Insel Langeoog im Schrägluftbild*

Übung: Raumbeispiel Langeoog

Langeoog ist eine Welt im Kleinen. Es gibt Dünen und Wiesen, ein Dorf mit Wohnhäusern, Geschäften und Handwerksbetrieben und sogar einen Polizisten.
Industrie gibt es auf Langeoog nicht, und die Landwirtschaft wurde aufgegeben. Die Schottischen Hochlandrinder, die auf den Salzwiesen grasen, werden von einem ehemaligen Landwirt versorgt, der diese Beschäftigung als sein Hobby bezeichnet. Die Pferde gehören zu den Reiterhöfen auf der Insel.
Heute arbeiten alle Menschen auf Langeoog im Dienstleistungsbereich, vor allem im Tourismus.

M2 *Leben auf Langeoog*

Die Bewohner und die Feriengäste müssen versorgt werden. Lebensmittel werden täglich von einem Frachtschiff nach Langeoog gebracht.
Für die Versorgung mit Trinkwasser wird die Süßwasserlinse unter den Dünen genutzt. Diese hat sich in Jahrhunderten aus den Niederschlägen gebildet. Das leichtere Süßwasser „schwimmt" auf dem schwereren Salzwasser. Im Wasserwerk in den Dünen wird das Wasser hochgepumpt und aufbereitet.
Natürlich gibt es auch Strom auf Langeoog. Zwei Kupferkabel führen vom Festland durch das Watt. Telefoniert wird per Funk. Alle Gespräche laufen über einen Richtfunkmast auf dem Festland.
Problematisch ist auf Langeoog die Müllentsorgung. Der gesamte Müll wird gesammelt, am Hafen in einer Müllpress-Station zusammengepresst und dann in Müllcontainern mit dem Schiff zum Festland auf eine Mülldeponie gebracht.
Für das Abwasser gibt es auf Langeoog eine Kläranlage.

M3 *Versorgung und Entsorgung auf Langeoog*

❶ Begründe, warum man die Nord- und Ostseeküste als Urlaubsregionen bezeichnet.

❷ Gib drei Lagemerkmale der Insel Langeoog an (Atlas).

❸ Beschreibe eine Fahrtroute (Zug oder Auto) von deinem Heimatort nach Langeoog (Atlas).

❹ Berechne mithilfe der Maßstabsleiste Länge und Breite der Insel (M4).

❺ „Langeoog ist eine Welt im Kleinen." Erkläre (M1 – M5).

M5 *Lage von Langeoog*

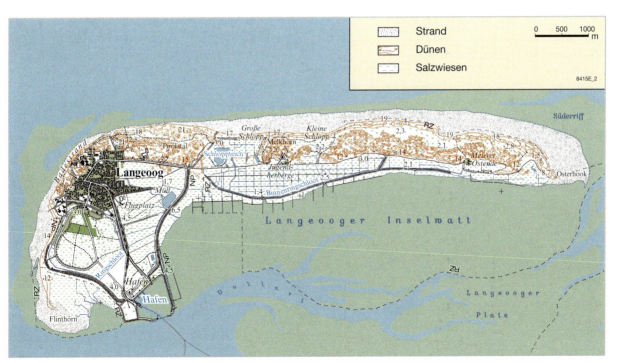

M4 *Die Insel Langeoog*

Übung: Raumbeispiel Langeoog

Naturraum und Ferienraum – Belastung und Schutz

M1 *Die Seeseite von Langeoog: Düne mit Strandhafer und Reisigbündeln als „Sandfänger"*

M2 *Düne mit Strandhafer*

„Über 1500 Stunden pro Jahr scheint über Langeoog die Sonne. Ob eine leichte Briese oder Sturmwind, jede graue Wolke wird meist genauso schnell vertrieben, wie sie gekommen ist. Kaum zu glauben, aber wahr: Wenn es auf dem Festland regnet, scheint auf Langeoog meist die Sonne.

Aber die Insel hat viel mehr noch als den 15 Kilometer langen Badestrand zu bieten: Wattwanderungen, Ausflugsfahrten mit dem Schiff zur Seehundbeobachtung, Reiten, Radfahren, Tennis und Golf spielen ... Und sollte es doch einmal regnen, dann lädt das Meerwasser-Erlebnisbad zum Schwimmen und Spielen ein."

M3 *Aus einem Werbeprospekt*

Zwei Seiten der Insel: Seeseite und Wattseite

Langeoog besteht im Norden und Westen aus Dünen. Sie werden vom Wind auf- und umgeschichtet. Es gibt mehrere Dünenketten, die unterschiedlich alt sind. Die jüngsten Dünen befinden sich in Strandnähe. Sie sind zum Teil mit Strandhafer bewachsen (M2). Die älteren Dünen in der Inselmitte haben eine durchgehende Pflanzendecke.

Der südliche und östliche Teil der Insel entstand aus Ablagerungen des Meeres. Die im Wasser enthaltenen Ton- und Sandkörnchen setzen sich als Schlick am Boden ab. Die Inselbewohner beschleunigen diesen Vorgang, indem sie „Schlickfänger" aus Gestrüpp anlegen. Das neu gewonnene Land wird mit Gräben entwässert und mit einem Deich geschützt.

M4 *Langeoog: Blick auf den Ort*

Übung: Raumbeispiel Langeoog

Kurdirektor Peter Wettstein berichtet:

„Unsere Insel besteht aus feinem Sand. Dieser Sand würde wegwehen, wenn er nicht befestigt wäre. Den besten Halt bietet ein Bewuchs der Dünen mit Pflanzen, wie zum Beispiel dem Strandhafer und der Stranddistel. Wir schützen daher alle Pflanzen, die uns beim Festhalten des Sandes helfen. Damit die Pflanzen der Dünen nicht zertrampelt werden, haben wir für die Touristen Bohlenwege zum Meer angelegt.

Wir scheuen keine Mühen, immer wieder neue Dünengräser anzupflanzen oder Reisigbündel in die Dünen zu stecken, um den Sand festzuhalten. Leider gibt es Urlauber, die achtlos die Dünen zertrampeln."

M5 *Langeoog ist gefährdet.*

M6 *Künstlich verstärkte Düne auf Langeoog. Ein großer Teil der Düne wurde bei einer Sturmflut vom Meer zerstört. Deshalb brachte man 130 000 Kubikmeter Sand aus dem östlichen Strandbereich hierher.*

❶ Wir orientieren uns: Lege Transparentpapier auf die Karte Seite 75, M4 und zeichne den Umriss der Insel nach. Trage dann den Strand, die Dünen, die Salzwiesen und den Ort in verschiedenen Farben ein. Beschrifte deine Zeichnung.

❷ Jedes Jahr kommen mehr als 100 000 Urlauber, einschließlich der Tagestouristen, nach Langeoog. Der Naturraum wird als Ferienraum genutzt.
a) Notiere, welche Voraussetzungen die Insel für den Tourismus bietet (M1, M3, M4).
b) Stelle in einer Tabelle die Ansprüche der Urlauber und die Ansprüche des Naturschutzes gegenüber (M5, M7).

❸ Erkläre, warum Langeoog nur wenige Möglichkeiten hat, den Fremdenverkehr auszudehnen (M7).

❹ Langeoog liegt im Naturpark Niedersächsisches Wattenmeer (siehe Seite 72 M3). Auch auf Langeoog gelten die Bestimmungen der drei Schutzzonen. Übertrage M7 auf ein Transparentpapier. Markiere die Schutzzonen und beschrifte sie. Füge die Schutzbestimmungen, die für jede Schutzzone gelten, als Text hinzu.

INTERNET
www.langeoog.de • www.nordwestreisemagazin.de/langeoog/kuestenschutz.htm

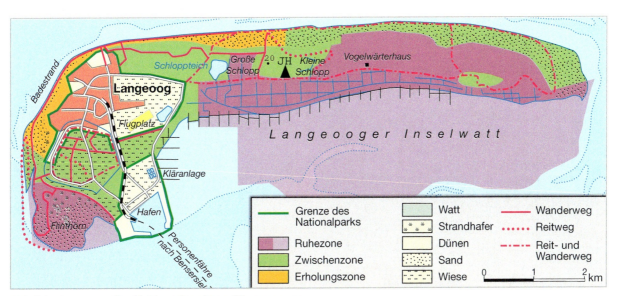

M7 *Schutzzonen des Nationalparks auf Langeoog*

Übung: Raumbeispiel Langeoog

Gewusst – gekonnt: Nord- und Ostseeküste

1. Hier haben sich 7 Begriffe versteckt. Setze die Wörter zusammen:
Hafer, Flüchter, See, Steil, Hund, Wind, Mies, Flut, Muschel, Küste, Strand, Flach, Sturm, Küste.

2. Benenne die Inseln und Halbinseln. Von welchen Meeren werden sie umspült (Atlas)?

3. Welche Begriffe gehören zusammen? Ostsee, Randmeer, Nordsee, Wattenküste, Rügen, Hochwasser, Niedrigwasser, Deich, Sturmflut, Binnenmeer, Ostfriesische Inseln, Helgoland, Nationalpark Wattenmeer, Trichtermündung.

4. Löse das Kreuzworträtsel. Wie heißt das Lösungswort?
1. Wind ab Stärke 12
2. größte deutsche Insel
3. Ostseeinsel
4. Land, das bei Ebbe „trockenfällt"
5. eine der Gezeiten
6. vom Land fast völlig umschlossenes Meer
7. Hafenstadt an der Ostsee
8. Hauptstadt von Mecklenburg-Vorpommern
9. Tor zur Welt an der Elbe
10. eine der Gezeiten
11. größtes Binnenmeer Europas
12. Vorgang an der Nordseeküste

5. Nenne die Anrainerstaaten der Ostsee und der Nordsee. Trage sie in eine Tabelle ein.

Nord- und Ostseeküste

Übung

Lernen nach den Farben!

Hier am Ende des Kapitels findest du Aufgaben zum Grundwissen und den Fallbeispielen (blau umrandet), zu den Methoden (gelb umrandet), zum Orientierungswissen (grün umrandet) und zum Informationsaustausch (rot umrandet). Du kannst nun selbst dein Wissen und deine Fertigkeiten überprüfen. Viel Spaß dabei!

1. Bilder auswerten: Küstenformen
Wie heißen die drei abgebildeten Küstenformen? Welche Wirkung hat das Meer an diesen Küsten – abtragend, ablagernd oder versetzend?

2. Warum Umweltschutz am Wattenmeer wichtig und schwierig zugleich ist
Stell dir vor, du möchtest dies deinen Freunden oder deinen Eltern erklären.
Was würdest du sagen?

Als Hilfe kannst du folgende Begriffe verwenden: größtes Wattgebiet der Welt, zahlreiche Tiere und Pflanzen, beliebtes Urlaubsziel, Nationalpark, Schutzzonen, Wirtschaft, Lebensgrundlage, Industrie, Fischerei, Nutzungskonflikte

3. Fragen zur Karte M1
a) Welche Flüsse münden in die Nordsee, welche in die Ostsee?
b) Nenne die Namen der Inseln (A–D).
c) Benenne die Seehäfen 1 bis 12 und die Fischereihäfen I bis IV.
d) Zwischen den Seehäfen 7 und 10 verläuft eine künstliche Wasserstraße, ein Kanal.
   Gib seinen Namen an.
e) Auf der Karte sind bekannte Tourismusorte an der Nord- und Ostseeküste mit den Buchstaben a bis g eingetragen.
   1. Ordne folgende Orte zu: Binz, Graal-Müritz, Ahlbeck, Norderney, St. Peter-Ording, Timmendorfer Strand, Westerland.
   2. Ordne zu, an welcher Küstenform (Bodden-, Förden-, Ausgleichs- oder Wattenküste) die Orte jeweils liegen.

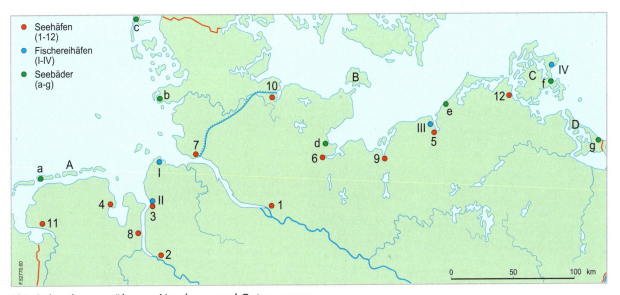

M1 *Orientierungsübung: Nordsee- und Ostseeraum*

Übung

Das Tiefland

Norddeutsches Tiefland nahe Braunschweig

M1 *Physische Karte: Das Norddeutsche Tiefland*

Landschaften im Tiefland

Das Norddeutsche **Tiefland** reicht von den Küsten der Nord- und Ostsee bis an die Mittelgebirge bzw. deren Vorländer. Auf der Karte M1 ist das Gebiet in unterschiedlichen Grüntönen dargestellt. Diese Farben bedeuten, dass die Oberfläche 200 Meter Höhe meist nicht übersteigt. Der Raum besteht aber sowohl aus ebenen als auch hügligen Gebieten.

Auffällig sind vor allem der Nördliche und der Südliche **Landrücken** (M1). Der Nördliche Landrücken beeindruckt besonders durch seine abwechslungsreiche Landschaft. Zwischen bewaldeten Hügeln mit oft steilen Hängen liegen zahlreiche Seen. So sind die Mecklenburger und die Holsteiner Seenplatte wichtige Erholungsgebiete.
Im Südlichen Landrücken, der von der Lüneburger Heide über die Altmark und den Fläming bis in die Niederlausitz reicht, findet man dagegen kaum Seen. Die Landschaft wird häufig von großen Waldflächen aus Kiefern geprägt.

Zwischen den beiden Landrücken sowie im Westen Niedersachsens überwiegen breite und annähernd ebene Flachlandbereiche, die **Niederungen**. In ihnen befanden sich einst ausgedehnte Moore. Sie sind in der heutigen Zeit weitgehend entwässert und werden landwirtschaftlich genutzt.

An einigen Stellen ragt das Norddeutsche Tiefland weit in die Mittelgebirge hinein. Solche Landschaften nennt man **Tieflandsbuchten** (z. B. die Leipziger Tieflandsbucht). In den Räumen überwiegen ebene Flächen, die oft von fruchtbaren Böden bedeckt sind.

Das Norddeutsche Tiefland bietet den Menschen vielfältige Nutzungsmöglichkeiten. Es gibt Landwirtschaftsgebiete wie in Mecklenburg-Vorpommern, aber auch Industriegebiete wie das Ruhrgebiet. Die größten Städte Deutschlands, Berlin und Hamburg, liegen ebenfalls in diesem Gebiet.

① Erkläre den Begriff Tiefland.

② Beschreibe die Bilder auf Seite 83.

③ Erstelle eine Tabelle.
a) Gliedere das Tiefland in Teilgebiete.
b) Ordne den Teilgebieten wichtige Oberflächenmerkmale zu.
c) Beschreibe die Nutzung in den Räumen (Atlas).

④ Nenne Landschaften im Tiefland, die im Bundesland Sachsen liegen (M1).

Grundwissen/Übung

Gewässer im Norddeutschen Tiefland

Das Norddeutsche Tiefland ist von vielen Flüssen durchzogen. Ein Fluss ist ein natürlicher Wasserlauf. Meist liegt seine Quelle in einem Gebirge. An den Quellen beginnen kleine Bäche, die sich in den Tälern zu Flüssen vereinen. Einige Flüsse sind bald so breit und tief, dass Schiffe auf ihnen fahren können. Die Schiffe transportieren Güter, aber auch Personen. Diese Form der Schifffahrt nennt man **Binnenschifffahrt**. Einer der wichtigsten Wasserwege Deutschlands ist der Rhein.

Die großen Flüsse im Norddeutschen Tiefland fließen meist aus Süden in Richtung Norden. Um den Schiffsverkehr auch von West nach Ost zu ermöglichen, wurden **Kanäle** gebaut. Ein Kanal ist ein künstlicher Wasserlauf, der meist als Schifffahrtsweg dient und Flüsse oder Meere miteinander verbindet. Beim Übergang vom Fluss zum Kanal muss oft ein Höhenunterschied überwunden werden. Dazu dienen **Schleusen**.

Bei großen Höhenunterschieden werden **Schiffshebewerke** eingesetzt. In ihnen fährt das Schiff in einem Wassertrog wie in einem Aufzug nach oben oder unten.

Wenn sich Kanäle und Flüsse kreuzen, müssen die Schiffe mehrmals durch Schleusen oder Schiffshebewerke fahren. Das kostet viel Zeit. Bei Magdeburg wurde deshalb ein Wasserstraßenkreuz errichtet (M3). Es verbindet auf vier Kilometern Länge den Mittellandkanal und den Elbe-Havel-Kanal. So wird eine durchgehende Wasserstraße zwischen den Flüssen Rhein und Oder geschaffen. Auch die Anbindung Berlins an die großen Häfen wie Rotterdam und Hamburg verbessert sich dadurch entscheidend. Herzstück des Wasserstraßenkreuzes ist eine Kanalbrücke von 918 Metern Länge über die Elbe. Sie ist damit die längste Kanalbrücke Europas.

Im Norddeutschen Tiefland gibt es auch zahlreiche Seen. Der größte See ist die Müritz. Oft liegen viele Seen dicht nebeneinander, man spricht dann von einer Seenplatte. Diese Räume sind beliebte Erholungsgebiete.

M1 *Einfahrt in eine Schleuse*

M2 *Ausfahrt aus einer Schleuse*

M3 *Wasserkreuz nahe Magdeburg*

Kanal	Länge in Kilometern
Mittellandkanal	321
Dortmund-Ems-Kanal	266
Main-Donau-Kanal	171
Elbe-Seitenkanal	115
Nord-Ostsee-Kanal	99

M4 *Die fünf längsten Kanäle Deutschlands*

❶ Benenne mithilfe des Atlas in Abbildung M7 die Flüsse (1–10), Seen (a–e) sowie Kanäle (A–F).

❷ Beschreibe, wie Schleusen und Schiffshebewerke arbeiten (M1, M2, M6).

❸ Erkläre die Bedeutung der Kanäle für die Binnenschifffahrt.

❹ Beschreibe mithilfe der Karte M7 den kürzesten Weg für ein Binnenschiff zwischen Dresden und Düsseldorf.

❺ Begründe die Notwendigkeit von Schleusen und Schiffshebewerken an künstlichen Wasserstraßen wie Kanälen (Text).

M5 *Schiffshebewerk Niederfinow nahe Eberswalde*

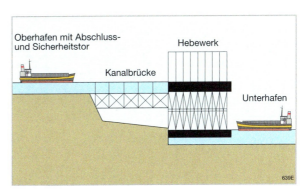

M6 *Teile eines Schiffshebewerks*

M7 *Übungskarte: Gewässer des Norddeutschen Tieflandes*

Grundwissen/Übung

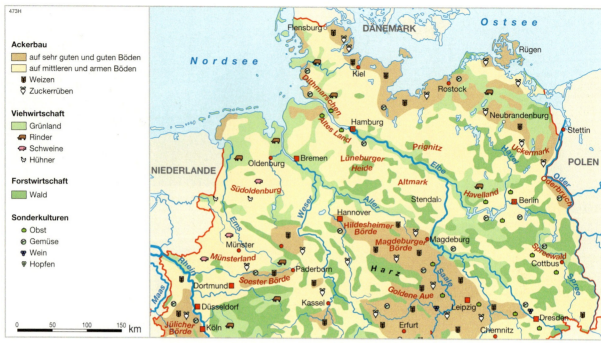

M1 *Landwirtschaftliche Nutzung des Norddeutschen Tieflandes*

Landwirtschaft im Norddeutschen Tiefland

Müsli oder ein Ei zum Frühstück, Schnitzel mit Kartoffeln und Gemüse zum Mittagessen, Brot mit Butter, Wurst oder Käse und ein Salat am Abend. Woher kommen alle unsere Lebensmittel? Jeden Tag müssen in Deutschland mehr als 80 Millionen Menschen versorgt werden. Die heimische Landwirtschaft produziert einen Großteil der Nahrung, die wir täglich verzehren. Sie ist aber auch ein wichtiger Zulieferer der Industrie. So erzeugen die Bauern Rohstoffe, die zum Beispiel zu Lederwaren, Biodiesel oder Arzneimitteln verarbeitet werden.

Die Landwirtschaft besteht aus mehreren Teilbereichen (M2). Der Ackerbau produziert auf Feldern Nutzpflanzen, die Viehzucht züchtet Tiere oder erzeugt Milch und Eier. Es gibt aber auch den Anbau von Sonderkulturen wie Obst oder Wein.

Die Masse landwirtschaftlicher Produkte ist in den letzten Jahren ständig gewachsen. Neue Maschinen, Düngemittel sowie neue Pflanzensorten und Tierarten haben dies ermöglicht. Die **intensive Landwirtschaft** sorgt für ausreichende und preiswerte Nahrungsmittel. Sie belastet aber auch die Natur.

Weil es zum Beispiel Probleme mit der Qualität der Produkte gab, wechselten manche Bauern zum **Bio-Landbau**. Sie verzichten auf chemische Schädlingsbekämpfung und bemühen sich um eine artgerechte Haltung der Tiere. Da aber die Bio-Landwirtschaft viel mehr Arbeit erfordert, sind die Erzeugnisse meist teurer.

Die Landwirtschaft ist von den natürlichen Bedingungen abhängig. Besonders gilt das für den Boden. Aber auch ausreichend Wasser, Wärme und eine ebene Oberfläche werden benötigt. Im Norddeutschen Tiefland werden die einzelne Räume deshalb unterschiedlich genutzt. Hier liegen einige wichtige Produktionsgebiete, z. B. die **Börden**.

In den letzten Jahrzehnten hat sich die Ernährung der Menschen verändert. Die Landwirtschaft passte sich daran an. So ist beispielsweise die Produktion von Kartoffeln, Roggen und Schweinefleisch gesunken. Dagegen werden mehr Weizen, Milch und Geflügel hergestellt.

Heute wachsen auf den meisten Ackerflächen Weizen, Gerste und Futterpflanzen. Viel Geld der Europäischen Union führte in den letzten Jahren dazu, dass auch mehr Raps angebaut wird.

Landwirtschaft, das ist ...

Ackerbau — Viehzucht — Obstanbau — Weinanbau

M2 *Teile der Landwirtschaft*

Erträge	1900	1950	2008
Weizen pro Hektar (in Dezitonnen)	19	27	78
Kartoffeln pro Hektar (in Dezitonnen)	130	224	441
Milch pro Kuh (in Litern)	2165	2480	6827
gelegte Eier pro Henne	–	120	299

M3 *Entwicklungen in der Landwirtschaft*

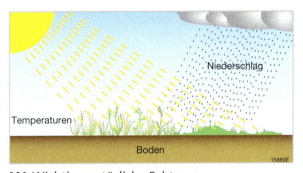

M4 *Wichtige natürliche Faktoren*

❶ Nenne die Teilbereiche der Landwirtschaft.

❷ Erkläre wichtige natürliche Voraussetzungen für den Ackerbau (M4).

❸ Beschreibe die Bedeutung der Landwirtschaft.

❹ Nenne die wichtigsten Erzeugnisse der Landwirtschaft in Deutschland (M1).

❺ Erkläre, warum nicht alle Gebiete des Norddeutschen Tieflandes auf gleiche Weise von der Landwirtschaft genutzt werden können.

❻ a) Beschreibe die Entwicklung der Erträge in M3.

b) Sammelt in der Klasse Ideen: Warum haben sich die Erträge in M3 so entwickelt?

c) Erkläre, was M3 und M5 verbindet.

M5 *Düngung eines Feldes*

Grundwissen / Übung

Die Magdeburger Börde

M1 *Schwarzerde*

Der **Boden** ist eine natürliche Voraussetzung, die für die Landwirtschaft von großer Bedeutung ist. Er bietet den Pflanzen Halt, Wasser und Nährstoffe. Je fruchtbarer der Boden ist, desto größer kann der Ertrag des Landwirts sein.

Besonders fruchtbare Böden bieten in Europa die **Börden**, denn die Böden dieser Landschaften enthalten den Löss (siehe Info). Deshalb können Bauern hier Pflanzen anbauen, die besonders anspruchsvoll sind und ihnen einen guten Verdienst bringen, besonders Weizen oder Zuckerrüben.

Wie in der Magdeburger Börde Landwirtschaft betrieben wird, zeigt dir das Beispiel von Bauer Flemming (M3 und M4).

Aber immer nur eine Feldfrucht anzubauen, zum Beispiel Zuckerrüben (M2), ist nicht möglich. Dann würden dem Boden immer dieselben Nährstoffe entzogen. Deshalb wechseln die Landwirte jährlich die Anbaufrucht auf ihren Feldern: Sie betreiben **Fruchtwechsel**.

Trotz des Fruchtwechsels werden dem Boden mit jeder Ernte Nährstoffe entzogen. Außerdem verdichtet er, wenn er mit Maschinen befahren wird. Um die Bodenfruchtbarkeit zu erhalten, müssen die Landwirte den Boden bearbeiten. Mit dem Pflug wendet der Bauer den Boden, lockert ihn auf und arbeitet Pflanzenreste ein. Durch **Düngung** führt er ihm Nährstoffe zu. Dazu wird häufig künstlich hergestellter Mineraldünger verwendet. Diesen muss er gezielt und sparsam einsetzen, sonst kann der Dünger das Grundwasser vergiften, das Bodenleben zerstören und zu schädlichen Rückständen in Lebensmitteln führen. Das Gleiche gilt für Gülle, ein Gemisch aus Kot und Urin.

Eine andere Möglichkeit der Bodenverbesserung besteht darin, dass man zwischendurch Pflanzen wie Kleegras oder Luzerne anbaut, die dann untergepflügt werden. Das nennt man **Gründüngung**.

INFO

Lössboden

Löss besteht aus fein geriebenem, gelblichem Gesteinsmehl, das in der **Eiszeit** durch den Wind abgelagert wurde.

Aus diesen Ablagerungen entwickelte sich ein besonders lockerer, mächtiger, nährstoffreicher Boden (z. B. Schwarzerde, M1).

Der Boden kann Wasser gut speichern, und Wurzeln können tief in ihn eindringen. Er zählt zu den fruchtbarsten und ertragreichsten Böden weltweit.

Weizen
hoher Nährstoff- und Wasserbedarf

▶ Brot, Backwaren, Nudeln

Roggen
geringer Nährstoff- und Wasserbedarf

▶ Brot

Gerste
mittlerer Nährstoff- und Wasserbedarf

▶ Malz zum Bierbrauen, Futter

Mais
hoher Nährstoff- und Wasserbedarf

▶ überwiegend Viehfutter

Kartoffel
geringer Nährstoffbedarf

▶ Nahrungsmittel, Viehfutter

Zuckerrübe
sehr hoher Nährstoffbedarf, hoher Wasserbedarf, liebt Lössböden

▶ Zucker

M2 *Feldfrüchte, ihre Ansprüche an den Boden und was man daraus herstellen kann*

M6 Lage der Magdeburger Börde

M3 Bauer Flemming in der Magdeburger Börde bei der Aussaat. Ende April werden die Rübensamen mit einer Einzelkorn-Sämaschine in den lockeren Boden gesetzt – Körnchen für Körnchen in genau 30 cm Abstand.
Auf dem fruchtbaren Boden der Magdeburger Börde könnte fast jede Pflanze gedeihen. Die Flemmings bauen aber nur Zuckerrüben und Weizen an, da diese das höchste Einkommen versprechen. Ende September beginnt die Ernte. Die Rüben werden dann so schnell wie möglich in die Zuckerfabrik von Kleinwanzleben gebracht, weil ihr Zuckergehalt bereits nach einem Tag abnimmt.

❶ Erläutere jeweils, warum Bodenbearbeitung, Fruchtwechsel und Düngung in der Landwirtschaft notwendig sind.

❷ Erkläre, weshalb die Börden für den Anbau anspruchsvoller Pflanzen besonders geeignet sind.

❸ Beschreibe und erkläre den Fruchtwechsel von Bauer Flemming (M4).

❹ Die Zuckerrübe ist vielseitig verwendbar. Erkläre diese Aussage mithilfe des Schemas M5.

❺ Arbeite mit dem Atlas (Karten Deutschland – Landwirtschaft, Deutschland – Bodentypen):
a) Lössböden gibt es nicht nur in der Magdeburger Börde. Nenne fünf weitere Gebiete in Deutschland mit Lössböden und Zuckerrübenanbau.
b) Was zeichnet die Böden in deinem Heimatraum aus? Wie nutzen die Landwirte diese Böden?

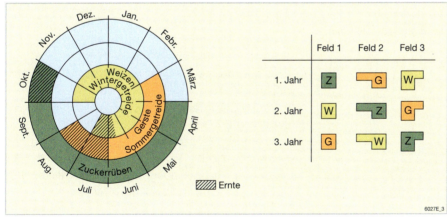

M4 Anbaukalender und Fruchtwechsel bei Flemmings in der Börde

M5 Verarbeitung und Verwendung der Zuckerrübe

Übung: Raumbeispiel Magdeburger Börde

Das Tiefland

Mit der Kuh auf Du und Du – Milchwirtschaft im Tiefland

Seit jeher gehört Milch zu den Grundnahrungsmitteln der Menschen. Heute findet der Verbraucher ein große Auswahl an Milch und Milchprodukten in den Kühlregalen der Geschäfte. Für jeden Geschmack ist etwas dabei.

Die Milch stammt überwiegend von Rindern. In Deutschland gibt es zurzeit etwa 15 Millionen dieser Tiere. Sie werden meist zur Milch- oder Fleischerzeugung benötigt. Im Norddeutschen Tiefland gibt es Gegenden, in denen viele Milchkühe gehalten werden. Dies sind vor allem die nördlichsten Teile Niedersachsens (z. B. um Oldenburg). Im Süden Deutschlands sind vor allem Bayern und Baden-Württemberg wichtige Bundesländer der Viehzucht (z. B. das Allgäu). Aber auch in Sachsen gibt es Räume, die verstärkt durch Rinderzucht geprägt sind (z. B. im Erzgebirge, im Raum Annaberg-Buchholz).

Die Bauern nutzen oft feuchte Böden als Grünland, das sind Wiesen und Weiden. Gras ist eine Pflanze, die zum Wachsen besonders viel Wasser benötigt. So wächst sie auf feuchten Böden besonders gut. Da eine Kuh bis zu 80 Kilogramm Gras am Tag frisst, findet sie auf den Wiesen ausreichend Futter.

In vielen Gebieten, so auch in Sachsen, halten die Bauern die Kühe aber oft in Ställen. Das Futter wird auf den Feldern angebaut und zu den Kühen gebracht. Heute sind die Ställe oft mit sehr moderner Technik ausgestattet, wie du am Hof des Bauern Sauer sehen kannst (M3).

M1 *Besuch auf einem Bauernhof*

> **Steckbrief Käse**
>
> Käse entsteht aus Milch. Dabei wird durch Zusatz von Lab aus den Mägen von Rindern oder Bakterien der Käsestoff abgegeben. Die so entstandene Masse (Bruch, Quark) wird weiter behandelt. Nach Zugabe von Salz, Gewürzen und Käsefarbe erfolgt die Formung. Es schließt sich der Reifevorgang in Räumen bei gleichbleibender Temperatur an.
>
> Weichkäse bleibt während der Reife unbehandelt. Hartkäse wird in dieser Zeit mehrmals gepresst, wodurch er fester wird. Dadurch ist Hartkäse länger haltbar.
>
> Aus 100 Kilogramm Milch können rund 7 Kilogramm Hartkäse oder 20 Kilogramm Weichkäse hergestellt werden. Käse wird auch nach dem Fettgehalt unterschieden.

M2 *Wie entsteht der Käse?*

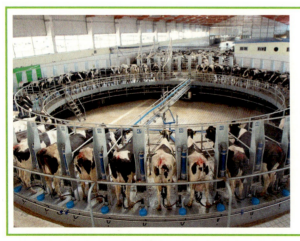

M3 *Landwirt Sauer berichtet*

> *Landwirt Sauer erzählt uns:*
>
> „Wir haben einen neuen Stall gebaut. Die Tiere haben dort Platz und können sich frei bewegen. Sie besitzen auch einen Auslauf neben dem Stall.
>
> Ich habe sie immer unter Kontrolle, denn sie tragen einen Chip im Ohr und sind mit meinem Computer verbunden. Wenn die Kühe Hunger haben, gehen sie zum Futterspender. Der Computer stellt für jede Kuh die richtige Mischung zusammen. So bleiben sie gesund und geben viel Milch.
>
> Wenn das Euter voll ist, gehen die Kühe zum Melkroboter. Der reinigt die Euter und melkt die Kühe. Ungefähr viermal am Tag kommt jede Kuh zum Roboter."

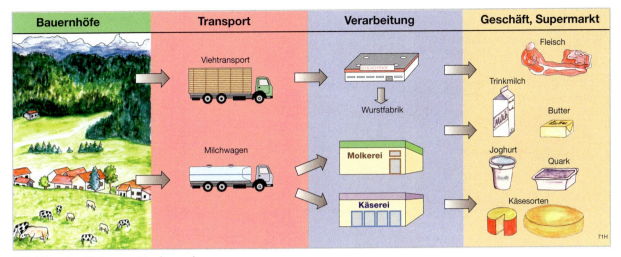

M4 *Von der Kuh zum Verbraucher*

❶ a) Nenne Produkte, die aus Rindern hergestellt werden (M4, M5).
b) Nenne Produkte, die du auch zu Hause nutzt.

❷ Beschreibe die Herstellung von Käse aus Milch (M2).

❸ Rinder können unterschiedlich gehalten werden.
a) Beschreibe die Rinderhaltung im Norddeutschen Tiefland.
b) 〰 Bewerte die Vor- und Nachteile dieser Haltungsformen.
c) 〰 Vergleicht eure Bewertungen untereinander in der Klasse.

❹ a) Erkläre, warum in einigen Räumen Deutschlands mehr Rinder gehalten werden als in anderen.
b) Arbeite mit dem Atlas und finde in Sachsen Gebiete, in denen viele Rinder gehalten werden.

❺ 〰 Erkläre, weshalb in der Magdeburger Börde wenige Rinder gehalten werden.

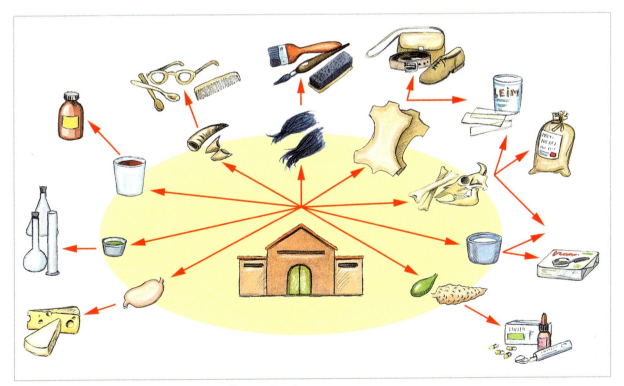

M5 *Was aus einer Kuh noch hergestellt werden kann.*

Grundwissen/Übung

M1 *Siedlung im ländlichen Raum Ostsachsens*

Dorf

Wohnen auf dem Land früher ...

Viele Jahrhunderte war das Leben auf dem Land vor allem durch die Landwirtschaft gekennzeichnet. Sie war der Wirtschaftsbereich, in dem die meisten Menschen arbeiteten, ihr Geld verdienten und Nahrungsmittel erwirtschafteten. Die Bauern bestellten von Hand, mit Pferden oder später auch mit Maschinen die Felder. Oftmals betrieben Sie gleichzeitig Viehhaltung. Die erzeugten Produkte wurden selbst verbraucht oder verkauft.

Die Arbeit auf dem Land war früher sehr schwer und erforderte viel Zeit und Arbeitskräfte. Häufig mussten vor oder nach der Schule auch die Kinder mithelfen. Die Kleinbauern wohnten mit ihren Familien in Häusern ohne fließendes Wasser und die Toilette befand sich meist außerhalb der Wohnung. Auch sonst war das dörfliche Leben eher entbehrungsreich. Es gab wenig Freizeit- sowie Einkaufsmöglichkeiten und nur eine schlechte medizinische Versorgung der Menschen auf dem Land. Gleichzeitig fehlte es an Fahr- und Transportmöglichkeiten in die Stadt.

... und heute

Die **Dörfer** unserer Zeit sind moderne Siedlungen geworden. Strom, Gas, fließendes Wasser, Telefon und Kanalisation sind meist verfügbar. Neu entstandene Einfamilienhäuser stehen in der Nachbarschaft alter, erneuerter Bauernhöfe. Asphaltierte Straßen durchqueren die Ortschaften. Aber nicht nur äußerlich ist ein Wandel sichtbar. Viele Menschen, die heute auf den Dörfern leben, arbeiten nicht mehr in der Landwirtschaft. Sie fahren zur Arbeit zumeist in die nahen Städte. Nur noch wenige Bauern oder landwirtschaftliche Gemeinschaften bewirtschaften mit moderner Technik die Felder.

Wenig verändert hat sich in vielen Räumen die Versorgung mit Dingen, die die Menschen auf dem Land benötigen. Nur in größeren Dörfern findet man Bäcker, Fleischer oder einen Supermarkt. Es fehlen oft Banken und Ärzte. Das stellt vor allem ältere Menschen vor größere Probleme. Doch auch die Jüngeren sind betroffen, denn sie müssen weite Wege zurücklegen, um z. B. in größere Orte zur Schule oder zur Arbeit zu fahren.

M2 Beispiel eines Dorfes heute

M6 Lage von Löbau

Das gibt es in Walddorf (M6):
Backwarenverkauf (nicht ganztägig geöffnet), Arzt, Kindergarten, Gaststätten, Vereine.

Das bietet Löbau:
Fachgeschäfte, Sparkasse, Banken, Tankstellen, Fachärzte, Schulen, Gaststätten, Hotels.

Das gibt es in der Großstadt Dresden:
Hochschulen, Fachschulen, Spezialkliniken, Oper, Theater, Kinos und vieles mehr.

M4 Einrichtungen im Dorf und in der Stadt

❶ Nenne Merkmale von Dörfern (M1–M5).

❷ Nenne Beispiele, wie sich „wohnen", „arbeiten" und „sich versorgen" im ländlichen Raum verändert haben.

❸ Paul behauptet: „Die Menschen auf dem Land hatten es früher besser, weil sie alle lebensnotwendigen Einrichtungen im Ort hatten." Nimm zu Pauls Aussage Stellung.

❹ a) Informiere dich über Veränderungen in einem Dorf deiner Umgebung.
b) Halte über deine Ergebnisse einen kurzen Vortrag vor der Klasse.

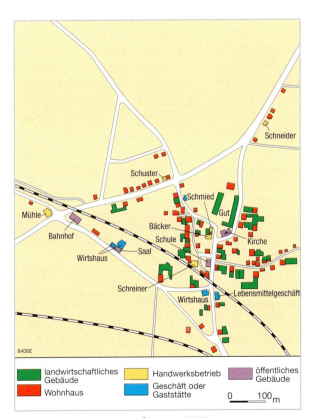

M3 Beispiel eines Dorfes um 1950

M5 Fahrschüler zum Gymnasium in Löbau

Übung: Raumbeispiel Löbau

M1 *Sumpfwald vor 30 Millionen Jahren*

Aus Wald wird Kohle

Vor etwa 30 Millionen Jahren war es in Mitteleuropa feucht und warm. Unter diesen Bedingungen entwickelten sich auf den sumpfigen Böden Moorwälder (M1). In den Wäldern wuchsen mächtige Mammutbäume (M4), Sumpfzypressen und der Boden war mit vielen Pflanzen dicht bewachsen. Die Pflanzen, die abgestorben waren, versanken im Schlamm. Weil dort kein Sauerstoff vorhanden war, verfaulten die Pflanzen nicht, sondern wandelten sich mit der Zeit zu einer festen Pflanzenmasse um. Es entstand **Torf** (M3A). In Mooren kann man diesen Vorgang auch heute noch beobachten.

Im Laufe der Jahrmillionen senkte sich das Land ab, ein Meer bedeckte die Torfschichten und überdeckte sie mit Schlamm, Geröll und Sand. Als sich das Land wieder hob, wuchsen auf diesen Ablagerungen erneut Sumpfwälder. Auch sie wurden nach einiger Zeit wieder überflutet. Dieser Vorgang wiederholte sich viele Male.

Aufgrund dieser Entwicklungen entstand eine Abfolge vieler übereinanderliegender Schichten aus Torf, Sand und Geröll. Das Gewicht der Gesteinsschichten presste die darunterliegenden Torflagen zusammen. Wasser und Gase wurden zum Teil herausgepresst. Der brennbare Kohlenstoff reicherte sich an. Dieser Vorgang wird auch **Inkohlung** genannt. Nach einigen Millionen Jahren konnte so unter hohem Druck und Temperatur **Braunkohle** (M3B) entstehen.

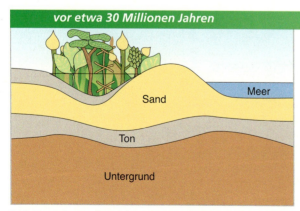
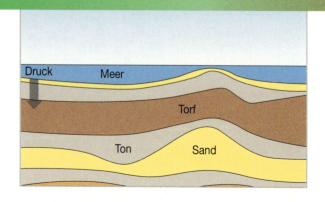

M2 *Vom Sumpfwald zur Braunkohle*

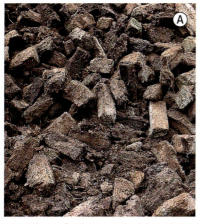  

M3 A) Torf, B) Braunkohle, C) Steinkohle

❶ Nenne die Voraussetzungen, die zur Kohleentstehung wichtig waren (M1, Text).

❷ Erkläre mithilfe des Textes und M2 mit eigenen Worten die Entstehung von Torf und Braunkohle.

❸ Warum ist Steinkohle härter und hat einen höheren Heizwert?

❹ Die deutschen Kohlen entstanden vor vielen Millionen Jahren. Kann Kohle auch heute noch entstehen? Begründe deine Antwort.

M4 *Mammutbaum*

Der größte Teil der **Steinkohle** (M3C) entstand vor etwa 300 Millionen Jahren im Erdzeitalter Karbon. Zu dieser Zeit lag Mitteleuropa nahe dem Äquator und es herrschten feuchtwarme Bedingungen vor.
Der Vorgang der Steinkohleentstehung ähnelte dem der Braunkohle. Die Torfschichten waren aber viel größerem Druck und höheren Temperaturen ausgesetzt. So wurde die Kohle noch stärker zusammengepresst.
Steinkohle enthält im Unterschied zur Braunkohle fast kein Wasser mehr und besitzt deshalb einen höheren **Heizwert**. Bei ihrer Verbrennung kann so mehr Wärme erzeugt werden.
Die Steinkohleschichten (Flöze) liegen in Deutschland fast immer mehrere Hundert Meter tief. Nur wenige sind dicker als eineinhalb Meter und kommen deshalb für den Abbau infrage. Braunkohleschichten sind im Gegensatz dazu viel dicker, oft 30 bis 40 Meter, und liegen bei uns näher an der Erdoberfläche.

M5 *Die Entstehung von Steinkohle*

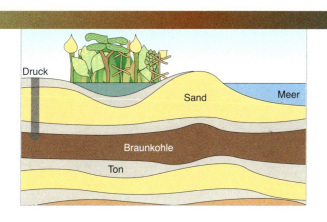 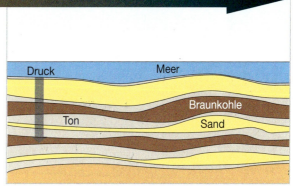

Grundwissen / Übung

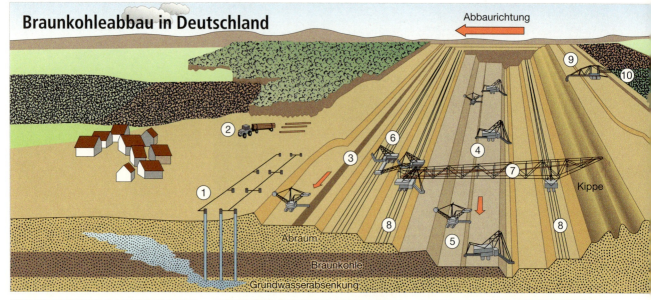

Braunkohleabbau in Deutschland

Vor dem Abbau

Wenn es notwendig ist, werden zunächst Wälder gerodet, Straßen, Flüsse und Eisenbahnlinien verlegt. Manchmal müssen auch ganze Ortschaften umgesiedelt werden. Danach wird das Grundwasser abgepumpt und abgeleitet.

Abraum bewegen

Mächtige Schaufelradbagger tragen die über der Braunkohle liegenden bis zu 100 Meter dicken Erdschichten ab. Über eine lange Förderbrücke wird mit Laufbändern der Abraum auf die andere Seite befördert und dort abgekippt.

Braunkohle fördern

Bagger bauen die Braunkohleflöze ab. Die Kohle gelangt auf Transportbändern zur Verladestation. Von dort wird sie in Eisenbahnwaggons zu den Kraftwerken oder Fabriken transportiert. Zum Teil transportieren die Förderbänder die Kohle auch direkt dorthin.

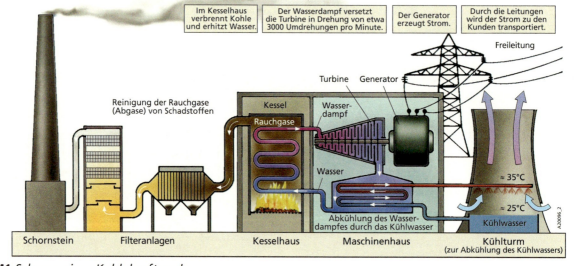

M1 *Schema eines Kohlekraftwerks*

① Filterbrunnen
② Räumung des Vorfeldes
③ Bandanlage für Abraum
④ Bandanlage für Kohle
⑤ Kohlebagger
⑥ Abraumbagger
⑦ Abraumförderbrücke
⑧ Gleisanlage
⑨ Absetzer
⑩ rekultiviertes Land

Braunkohle verstromen
Die Braunkohle gelangt über Förderbänder in Kraftwerke. Dort wird mit ihrer Hilfe elektrischer Strom für Wohnungen und Fabriken erzeugt (M1). Die Abgase, die bei der Verbrennung der Kohle entstehen, müssen in großen Filtern gereinigt werden.

Abraum ablagern
Der Abraum wird auf dem Gelände abgelagert, aus dem die Kohle schon gefördert wurde. Diese Arbeit erledigen riesige Maschinen, die Absetzer. Die Abraumkippen werden anschließend mit fruchtbaren Bodenschichten bedeckt.

Rekultivieren
Nach dem Abbau wird eine neue Landschaft gestaltet. Dies wird als **Rekultivierung** bezeichnet. Der Boden wird gedüngt, Bäume werden gepflanzt, Felder und Seen angelegt, Straßen neu gebaut. Die Landschaft dient nun zur Erholung oder für die Landwirtschaft.

❶ a) Ermittle deutsche Bundesländer, in denen Braunkohlereviere liegen (Atlas, Karten: Deutschland – Energie; Deutschland – politisch).
b) Ermittle fünf Länder in Europa mit Braunkohlevorkommen (Atlas, Karte: West- und Mitteleuropa – Wirtschaft).

❷ Beschreibe die Abläufe im Braunkohle**tagebau**.

❸ „Der Tagebau wandert." Erkläre.

❹ Beschreibe den Vorgang der Stromerzeugung. Beginne mit dem Kesselhaus (M1).

❺ Erkläre den Begriff Rekultivierung.

❻ M2 unterscheidet nicht erneuerbare von sich ständig erneuernden Energieträgern.

a) Erkläre, was darunter zu verstehen ist.

b) Wandle M2 in eine Tabelle um.

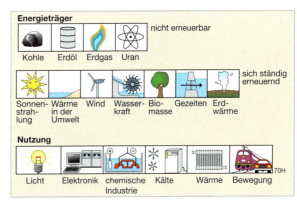

M2 *Energieträger und ihre Nutzung*

M1 *Umgebung von Meuro (Lausitz) im Wandel*

Braunkohleabbau bringt Belastungen

Nutzung und Abbau der Kohle verschmutzen die Luft und haben weitere, schwerwiegende Folgen für Mensch und Natur: Für den Tagebau werden Wälder abgeholzt, und die über der Kohle lagernden Schichten aus Boden und Gestein werden abgetragen. Das Grundwasser wird abgepumpt.

Die Menschen, die hier wohnen, müssen wegziehen. Ihre alten Wohnungen werden abgerissen. Straßen, Schienen, Bäche und Friedhöfe werden verlegt. Diese Umsiedlung stellt für die Bewohner eine große Belastung dar.

Wenn die Braunkohle abgebaut ist, das heißt der Tagebau ausgekohlt ist, muss die Landschaft wiederhergestellt werden. Um zum Beispiel neue Flächen für die Landwirtschaft zu erhalten, wird der Tagebau wieder mit dem Abraum aufgefüllt. Dann trägt man eine Mutterbodenschicht auf. In anderen Teilen des verfüllten Geländes trägt man Boden auf, der mit Bäumen bepflanzt wird. In Restlöchern entstehen Seen.

INFO

- Die Flächen aller Tagebaue in Deutschland zusammen nehmen etwa die Fläche der Bundesländer Berlin und Hamburg ein (1700 km²).
- Davon sind fast 1100 km² durch Rekultivierung wieder nutzbar gemacht worden.
- Bis heute sind im Mitteldeutschen Revier um Leipzig 23 000 Menschen und im Rheinischen Braunkohlerevier 30 000 umgesiedelt worden.

Wird keine Kohle mehr gefördert, muss ein Tagebau laut Gesetz **rekultiviert** werden. Die zerstörte Landschaft wird wiederhergestellt, sodass man sie entweder land- oder forstwirtschaftlich nutzen kann oder sie zu Erholungszwecken umgestaltet. Das geschieht gerade im Lausitzer und Mitteldeutschen Revier.

Im Leipziger Neuseenland (siehe Atlas) entstehen so 18 Seen in den ehemaligen Tagebauen. Man spricht von der größten Landschaftsbaustelle Europas. Auf und in den Seen betreibt man schon jetzt viele Wassersportarten wie Segeln, Surfen, Tauchen oder Wasserski. Zahlreiche Strände laden zum Baden und Sonnen ein. Auf den größeren Seen verkehren Fahrgastschiffe. Durch Schleusen und Kanäle sollen die Seen in Zukunft verbunden werden. An ihren Ufern entstehen Hafenanlagen sowie Wohn- und Gewerbegebiete. Ostdeutschlands größter Freizeitpark „Belantis" ist im Seengebiet Anziehungspunkt für viele Touristen. Auf Wander-, Skater- und Radwegen können Sportbegeisterte die meisten Seen umrunden. Zusätzlich entstehen überall neue gastronomische Einrichtungen.

M2 *Rekultivierung ehemaliger Tagebaugebiete*

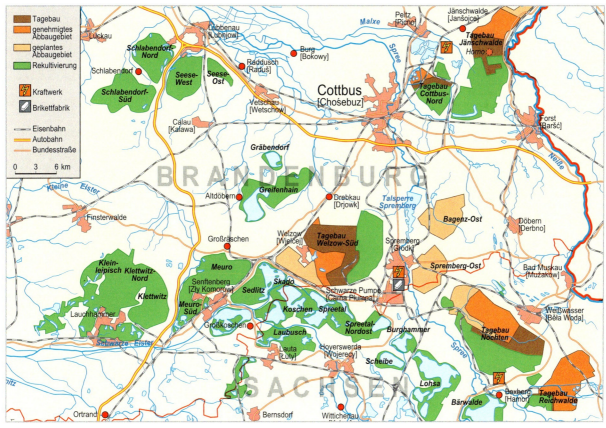

M3 *Das Lausitzer Braunkohlerevier*

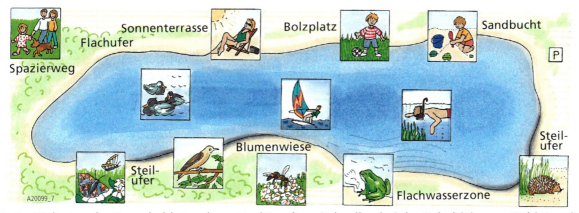

M4 *Im Südosten des Braunkohletagebaus Nochten (Lausitz) sollen bei der Rekultivierung Gebiete mit Wäldern und Restseen für die Erholung der Bevölkerung entstehen.*

1 Der Abbau von Braunkohle verändert die Landschaft. Benenne die Belastungen, die durch den Braunkohleabbau entstehen, und erläutere, was dabei passiert.

2 Beschreibe die Ausdehnung des Lausitzer Braunkohlereviers.

3 Stell dir vor, dein Heimatort würde wegen des Abbaus eines Rohstoffes umgesiedelt und du kämst mit deiner Familie in eine neue Umgebung und in ein neues Haus. Beschreibe, wie du das findest.

4 Erkläre mithilfe von M4, was die Rekultivierung mit der Erholung von Menschen und dem Lebensraum von Tieren zu tun hat.

5 Erstelle eine Tabelle mit Vor- und Nachteilen des Braunkohleabbaus.

Übung: Raumbeispiel Lausitzer Braunkohlerevier

Gewusst – gekonnt: Das Tiefland

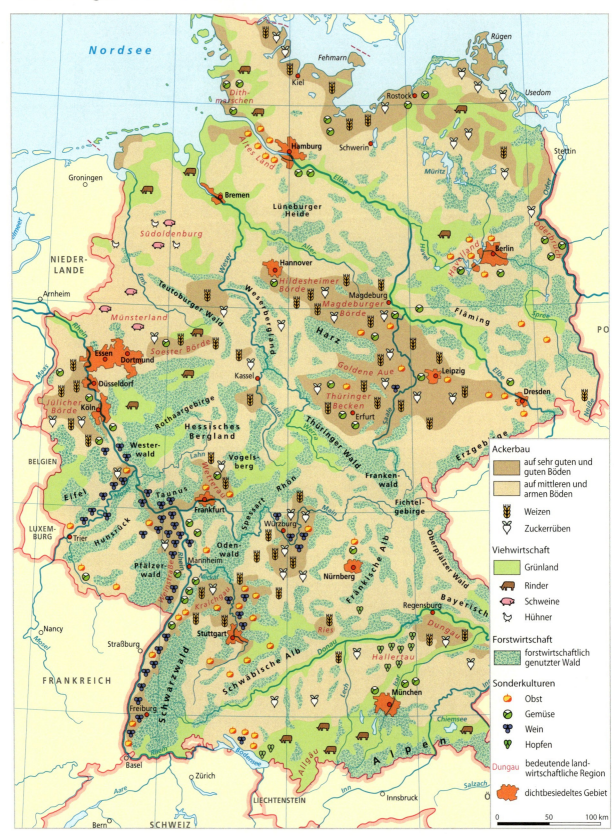

Lernen nach Farben!

Hier am Ende des Kapitels findest du Aufgaben zum Grundwissen und den Fallbeispielen (blau umrandet), zu den Methoden (gelb umrandet), zum Orientierungswissen (grün umrandet) und zum Informationsaustausch (rot umrandet). Du kannst nun selbst dein Wissen und deine Fertigkeiten überprüfen.

1. Fachbegriffe des Kapitels
Erkläre fünf der Fachbegriffe.

Tieflandsbucht	Löss
Kanal	Düngung
Schleuse	Dorf
Schiffshebewerk	Torf
Ackerbau	Braunkohle
Viehhaltung	Steinkohle
Obstanbau	Umsiedlung
Weinbau	Abraum
Börde	Rekultivierung
Fruchtwechsel	Energieträger

2. Fragen zur Landwirtschaftskarte Deutschlands
1. Benenne die fruchtbarsten Ackerbaugebiete Deutschlands.
2. Nenne Produkte, die in diesen Gebieten angebaut werden.
3. Nenne Sonderkulturen, die in Deutschland angebaut werden.
4. Erstelle eine Tabelle, in der du die Gebiete einträgst, in denen a) Weizen und Zuckerrüben angebaut werden und b) Tierhaltung betrieben wird.
5. Finde Räume im Bundesland Sachsen, die für die Landwirtschaft besonders wichtig sind. Nutze auch den Atlas.

3. Landwirtschaft früher und heute
Beschreibe das Leben in einem Dorf früher und heute.

4. Braunkohleabbau
Diskutiert in der Klasse die Vor- und Nachteile des Braunkohleabbaus.

4. Energieträger
Ordnet die folgenden Energieträger nach erneuerbaren und nicht erneuerbaren Energieträgern.

Sonnenenergie — Windkraft

Steinkohle — Braunkohle

Wasserkraft — Biomasse

Erdöl — Erdgas

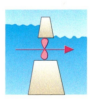

Gezeitenkraft — Erdwärme

Kernkraft

Ausgewählte Ballungsgebiete

Innenstadt von Dresden

Die Stadt als Siedlungsraum des Menschen

Kaufleute und Händler waren es, die im Mittelalter die ersten städtischen Siedlungen um Marktplätze anlegten. Bald darauf gesellten sich Handwerker hinzu. Sie verarbeiteten Produkte aus der Landwirtschaft und versorgten damit die Stadtbevölkerung. Eine Siedlung durfte sich aber erst **Stadt** nennen, wenn ihr das Stadtrecht verliehen wurde. Dieses Recht vergab früher der Landesherr. Eine Stadt hatte mit der Verleihung bestimmte Vorrechte, wie zum Beispiel das Markt- und Münzrecht sowie die Gerichtsbarkeit.

Die Städte sind in ihrer Entwicklung nach außen gewachsen. Heute konzentrieren sich in ihnen die Industrie und verschiedene Versorgungseinrichtungen (z. B. Bank, Arzt, Gericht). Im zentralen Bereich befindet sich das **Stadtzentrum**. Es umfasst meist die Fläche der ehemaligen mittelalterlichen Stadt. Hier finden wir wichtige Gebäude wie Rathaus, Kirchen, Museen, aber auch viele Geschäfte. In vielen Städten sind zusätzlich Fußgängerzonen eingerichtet worden, um den Menschen den Einkaufsbummel angenehmer zu machen. Zur Erholung dienen in der Stadt Grünflächen wie Parks und Kleingartenanlagen.

Industriegebiete dagegen entstanden zumeist an Eisenbahntrassen oder Fernverkehrsstraßen. Für den Transport der Güter ist das sehr wichtig. Heute konzentrieren sich die Industrie- und Gewerbegebiete vor allem am Rand der Städte. Dort ist genügend Raum für Fabriken und Lagerhallen vorhanden, und die Preise für Grundstücke sind meist niedriger. Außerhalb des Stadtzentrums entstanden aber auch große Wohngebiete, die **Großsiedlungen**.

M1 *Gliederung einer Stadt: Stadtzentrum, Industrie- und Gewerbegebiet, Wohngebiet, Grünfläche*

M2 Schrägluftbild der Leipziger Innenstadt in Richtung Nordwest

M4 Lage von Leipzig

M3 Leipziger Innenstadt – Flächennutzung

1 Beschreibe die Merkmale und den Aufbau einer Stadt (M1).

2 a) Erstelle eine Tabelle mit den Überschriften Stadtzentrum, Wohngebiet, Industrie- und Gewerbegebiet, Grünfläche.

b) Trage typische Merkmale der Stadtteile in eine Tabelle ein.

c) Finde in M2 die Bereiche Stadtzentrum, Wohngebiet, Industrie- und Gewerbegebiet sowie Grünfläche in der Stadt Leipzig.

d) Begründe deine Zuordnungen in c).

3 Beschreibe die Flächennutzung Leipzigs (M3).

4 a) Finde im Atlas Karten von Städten (z. B. Hamburg, Frankfurt, München, Dresden).

b) Überprüfe, ob du auch dort die Gliederung einer Stadt nachweisen kannst.

INTERNET
www.leipzig.de

Übung: Raumbeispiel Leipzig

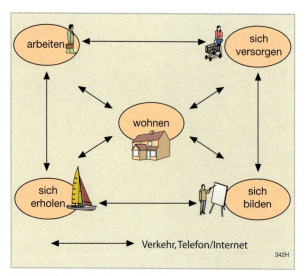

M1 *Funktionen einer Stadt*

> **Modelle** geben in der Geographie in einfacher und verkleinerter Weise die Wirklichkeit wieder. Mit ihnen können schwierige Zusammenhänge oder Vorgänge verständlich dargestellt werden.
> Modelle vereinfachen und bilden nur das Wesentliche ab. Dennoch muss ein Modell auf alle Einzelfälle anwendbar sein. So soll zum Beispiel ein Stadtmodell die Merkmale aller Städte darstellen.

M2 *Was ist ein Modell?*

Funktionen einer Stadt: Fallbeispiel Leipzig

Die Stadt ist in einzelne Bereiche unterteilt. Diese Gliederung zeigt zugleich die Aufgaben, die eine Stadt für ihre Bewohner zu erfüllen hat. Man bezeichnet sie als **Grunddaseinsfunktionen** (M1).

So stellt eine Stadt Wohnraum zur Verfügung. In Leipzig entstanden beispielsweise am Stadtrand große Wohngebiete wie Leipzig-Grünau.
Gleichzeitig konzentrieren sich im Stadtgebiet auch Arbeitsplätze und verschiedene Bildungseinrichtungen. In den Bildungseinrichtungen können sich die Einwohner weiterbilden. Die Universität Leipzig beispielsweise ist eine der ältesten Universitäten Deutschlands und auch ein wichtiger Arbeitgeber der Stadt.
Der städtische Raum bietet aber auch Platz für viele Geschäfte. In ihnen können die Menschen zum Beispiel Lebensmittel und Kleidung kaufen. In Leipzig sind die Kaufhäuser und Läden der Fußgängerzone in der Innenstadt sehr beliebt.
Parkanlagen sowie Freizeit- und Kultureinrichtungen bieten Möglichkeiten zur Erholung. Über ein ausgebautes Verkehrsnetz sind die einzelnen Bereiche und Einrichtungen der Stadt erreichbar.

In manchen Städten weisen bereits die Bezeichnungen von Stadtviertel auf deren herausragende Funktionen hin. So gibt es in Frankfurt/Main ein Bahnhofsviertel, in Berlin das Regierungsviertel oder in Hamburg ein Hafenviertel.

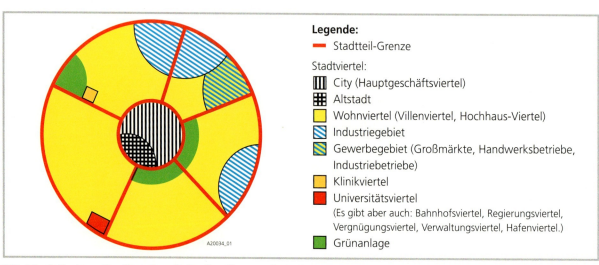

M3 *Modell einer Großstadt mit Stadtteilen und Stadtvierteln*

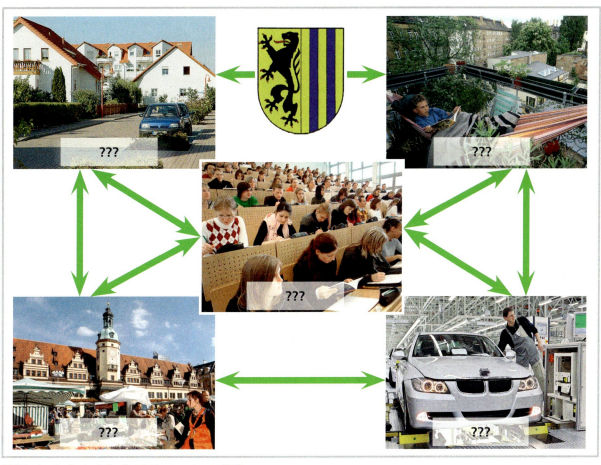

M4 *Leipzig hat viele Funktionen zu erfüllen.*

❶ Erkläre die verschiedenen Funktionen einer Stadt (M1).

❷ Weise nach, dass die Großstadt Leipzig vielfältige Funktionen für ihre Bewohner zu erfüllen hat.
a) Beschreibe dazu die Bilder von Leipzig (M4).
b) Ordne anschließend den Bildern die entsprechenden Funktionen einer Stadt zu (M1).

❸ a) Ergänze mithilfe von Nachschlagewerken und des Internets den Steckbrief zur Messestadt Leipzig (M5).
b) Fertige einen Steckbrief deiner Heimat- oder Kreisstadt an. Gehe dabei auf Lage, Einwohnerzahl, Sehenswürdigkeiten und Besonderheiten der Stadt ein.
c) Erstelle eine Tabelle zu den Funktionen der Stadt am Beispiel deiner Heimat- oder Kreisstadt.

Funktionen der Stadt	Einrichtungen der Stadt
sich bilden	Luther-Gymnasium, ...
...	...

❹ Nenne Vorteile und Nachteile des Wohnens in der Stadt.

Steckbrief Leipzig

- Fläche: 297 km²
- Einwohnerzahl: ca. 520 000
- gegründet (Stadtrecht): 1165
- besonderes Merkmal: älteste Messestadt der Welt
- Sehenswürdigkeiten: ...
- bedeutende Kultureinrichtungen: ...
- berühmte Persönlichkeiten, die in der Stadt lebten: ...
- bedeutende Wirtschaftseinrichtungen: ...

M5 *Daten zu Leipzig*

Übung: Raumbeispiel Leipzig

M1 *In der Stadt*

M2 *Im Umland*

Stadt und Umland ergänzen sich

Jede Stadt besitzt sogenannte **„zentrale Funktionen"**. Das sind Leistungen, die sie für die Bewohner der Stadt sowie für die des Umlandes bereithält. Da in den ländlichen Siedlungen oft verschiedene Versorgungseinrichtungen fehlen, haben sich Beziehungen zwischen der Stadt und ihrem Umland entwickelt.

Die Stadt versorgt die Menschen des Umlandes zum Beispiel mit Arbeitsplätzen, kulturellen Angeboten, Schulen und anderen Versorgungsleistungen. Sie besitzt damit eine Mittelpunktfunktion. Je größer eine Stadt ist, umso mehr solcher wichtigen zentralen Leistungen kann sie anbieten.

Es gibt aber auch Leistungen, die im Umland für die Stadtbevölkerung angeboten werden. So nutzen die Städter das Umland vor allem als Naherholungsraum. Die Wälder und Seen in der Nähe der Stadt bieten vielfältige Möglichkeiten zur Erholung und für die Freizeitgestaltung. In den Landwirtschaftsbetrieben werden Nahrungsmittel erzeugt, mit denen auch die Menschen der Stadt versorgt werden. Außerdem stellt das Umland Flächen zur Entsorgung der städtischen Abfälle zur Verfügung.

Janine wohnt mit ihrer Familie in einer Wohnung nahe dem Zentrum der Stadt Torgau. Nach dem Frühstück gehen Janine und ihr Bruder Leon zu Fuß zur Schule. Sie besuchen das Johann-Walter-Gymnasium.
Wenig später macht sich Frau Weber, ihre Mutter, mit dem Fahrrad auf den Weg zum Wochenmarkt. Hier kauft sie Obst und Gemüse, das die Händler morgens ganz frisch vom Großmarkt mitbringen. Auch einige Landwirte aus der Umgebung bringen ihre frisch geernteten Waren selber auf den Markt.
Währenddessen ist Herr Weber, der heute Urlaub hat, mit einer langen Liste in das Einkaufszentrum am Stadtrand gefahren. Er braucht etwa zwei Stunden, um dort alle notwendigen Nahrungsmittel einzukaufen. Das nächste Ziel auf Herrn Webers Tour liegt in der Innenstadt: Zuerst zur Bank, einige Finanzdinge klären; dann zum Fremdenverkehrsamt, Karten für das Konzert am Wochenende. Herr Weber überlegt: „Den Wagen lasse ich auf dem Parkplatz in der Nähe meiner Wohnung stehen. In der City bekomme ich schlecht einen kostenfreien Parkplatz und die eineinhalb Kilometer bis ins Zentrum sind kein Problem."
Um 15.15 Uhr ist er wieder zurück. Er repariert den alten Küchentisch und fährt dann 17.30 Uhr mit dem Auto seine Familie abholen, die nach der Schule die Oma in Beilrode, einem Dorf nahe der Stadt, besucht. Normalerweise braucht Herr Weber dazu zehn Minuten. Doch heute hat er Pech. Er steckt im Stau auf der Elbbrücke.

M3 *Leben in der Stadt*

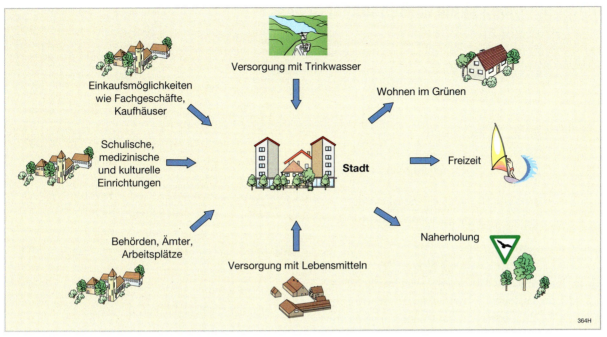

M4 *Stadt und Umland ergänzen sich*

„Mein Name ist Katrin und ich wohne in Liebertwolkwitz, einem Vorort von Leipzig. Hier ist es ganz schön und in unserer Straße fahren nicht so viele Autos. Ich kann sogar mit meinen Freundinnen auf der Straße spielen.

In die Stadt fahre ich mit meiner Mutter höchstens zwanzig Minuten im Auto. Da gehe ich gerne mit ihr zusammen zum Bummeln hin und es gibt so viele Läden, dass ich mich oft gar nicht entscheiden kann. Aber in der Stadt sind oft viele Tauben, die mag ich nicht. Mein Vater pendelt jeden Tag nach Leipzig. Er arbeitet dort bei BMW.

Bei uns in Liebertwolkwitz kann man toll Eis essen gehen und der Weg dahin ist kurz und nicht gefährlich. Meine Mama muss auch nicht weit fahren, wenn sie einkaufen geht. Oft nimmt sie mich mit dorthin.

Auf der Hauptstraße, 150 Meter von unserem Haus entfernt, fahren sehr viele Autos, die stören mich, denn die stinken und machen Lärm. Zu meiner Schule kann ich immer mit dem Fahrrad fahren, denn die ist nicht weit weg. Es gibt auch einen Bus, den brauche ich zur Schule aber nicht zu nehmen. Wenn ich jedoch später ans Gymnasium wechseln sollte, werde ich mit dem Bus fahren.

Bei uns ist immer was los und man ist nie allein. Wenn man durch den Ort läuft, dann sieht man viele Leute, die man kennt, weil Liebertwolkwitz nicht groß ist, und das finde ich sehr schön. So muss ich keine Angst haben, dass mir irgendwas passiert, weil immer jemand da ist, der mich kennt und so auf mich aufpasst."

M5 *Leben im Umland*

❶ In M3 und M5 erfahrt ihr vieles über Janines und Katrins Lebensräume. Erstelle eine Tabelle mit den Merkmalen für die Stadt und das Umland.

❷ Begründe, weshalb viele Menschen pendeln müssen.

❸ Erkläre den Begriff Mittelpunktfunktion.

❹ a) Vervollständige die Abbildungen M1 und M2, indem du die Sprechblasen in dein Heft überträgst.

b) Nenne die in M1 dargestellten „zentralen Funktionen" einer Stadt.

c) Fasse die Aufgaben, die das Umland in M2 für die Stadtbewohner erfüllt, zusammen.

INFO
Pendler

Viele Menschen verlassen regelmäßig während des Tages die Wohngebiete. Sie fahren mit dem Auto oder mit öffentlichen Verkehrsmitteln zum Beispiel zur Arbeit, zur Schule oder zum Einkaufen. Man bezeichnet sie als **Pendler**.

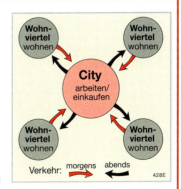

Grundwissen/Übung

Methode: Tabellen auswerten und erstellen

Tabellenkopf	
	Zeile
S p a l t e	

M1 *Aufbau einer Tabelle*

Stadt	Einwohner 2000	2009*	Fläche in km²
Leipzig	493 208	518 862	297
Dresden	477 807	517 052	328
Chemnitz	259 246	243 089	221
Zwickau	103 008	94 340	103
Plauen	71 543	66 412	102
Görlitz	61 599	55 957	67
Freiberg	45 428	41 701	48
Bautzen	43 353	40 740	67
Freital	40 129	39 200	41
Pirna	42 108	39 030	53

M2 *Die größten Städte Sachsens (* Ende 2009)*

❶ a) Überprüfe mithilfe von M2, ob die Aussagen in M3 richtig oder falsch sind.
b) Korrigiere die falschen Aussagen in M3.
c) Zu welchem Schritt („Vier Schritte zur Auswertung einer Tabelle") passen die Aussagen?

❷ a) Werte die Tabelle M2 aus. Gehe dabei entsprechend der Schrittfolge vor.
b) Vergleiche deine Ergebnisse mit denen einer Mitschülerin oder eines Mitschülers. Einigt euch auf einen gemeinsamen Text.

- In Dresden lebten im Jahr 2009 fünfmal so viele Einwohner wie in Görlitz.
- In fünf der zehn größten Städte Sachsens ist die Zahl der Einwohner angestiegen.
- Zwickau hatte im Jahr 2009 etwa 8700 Einwohner weniger als im Jahr 2000.
- In Freital lebten 2000 weniger Einwohner als in Pirna. 2009 war es genau umgekehrt.

M3 *Richtig oder falsch?*

Stadt	Einwohner in 1000
Berlin	3432
Hamburg	1772
München	1327
Köln	995
Frankfurt a. M.	665
Stuttgart	600
Dortmund	584
Düsseldorf	584
Essen	580
Bremen	547
Hannover	520
Nürnberg	504
Duisburg	494
Bochum	379
Wuppertal	353
Bielefeld	324

M4 *Deutschland: Die größten Städte im Jahr 2009 (ohne sächsische Städte)*

Vier Schritte zur Auswertung einer Tabelle

1. Nenne das **Thema** der Tabelle.
   Lies die Unterschrift der Tabelle und den Tabellenkopf genau. Dort findest du Hinweise zum Thema. Schlage Begriffe, die du nicht kennst, im Lexikon nach.
2. Werte die **Zeilen** aus.
   Achte darauf, ob sich die Zahlen der Tabelle nur auf ein Jahr oder auf mehrere Jahre beziehen. Wenn es mehrere Jahre sind, kannst du die Werte der einzelnen Jahre miteinander vergleichen und Entwicklungen aufzeigen.
3. Werte die **Spalten** aus.
   Suche jeweils die höchste und niedrigste Zahl in den Spalten heraus. Vergleiche einzelne Zahlen miteinander. Untersuche, ob es Zusammenhänge zwischen den Zahlen einzelner Spalten gibt.
4. Fasse die **Ergebnisse** in einem kurzen Text zusammen. Benutze dabei die in der Tabelle verwendeten Begriffe.

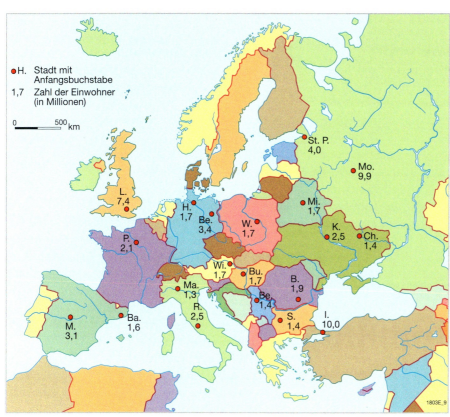

M5 *Die größten Städte Europas 2007*

M6 *Moritz erstellt eine Tabelle.*

Sechs Schritte zum Erstellen einer Tabelle

1. Formuliere die Unterschrift der Tabelle so kurz wie möglich. Sie muss folgende Angaben enthalten:
   - den Namen des Raumes, auf den sich die Tabelle bezieht (z. B. Sachsen, Deutschland), und
   - das Thema (z. B. die größten Städte).

   Zusätzlich kannst du das Jahr nennen, auf das sich die Zahlen beziehen.
2. Lege die Gliederung des Tabellenkopfes fest. Verwende kurze und eindeutige Begriffe (z. B. Stadt, Einwohner). Achte darauf, dass die Spalten breit genug sind.
3. Schreibe die Namen (z. B. Namen der größten Städte) sinnvoll untereinander (z. B. ganz oben steht die größte Stadt, ganz unten die kleinste).
4. Schreibe die Namen und Zahlen in den Spalten untereinander. Achte bei den Zahlen darauf, dass sie richtig untereinanderstehen (siehe z. B. M4).
5. Zeichne mit dem Lineal waagerechte Striche unter dem Tabellenkopf und nach den einzelnen Zeilen.
6. Zeichne mit dem Lineal senkrechte Striche zwischen den einzelnen Spalten.

❸ Erstelle eine Tabelle mit den zehn größten Städten Deutschlands für das Jahr 2009 (M2, M4). Beachte die einzelnen Schritte.

❹ Erstelle eine Tabelle zu folgenden Themen:
a) „Die größten Städte Europas" (M5),
b) „Die größten Städte der Welt" (M7).

M7 *Die größten Städte der Welt 2007*

Grundwissen / Übung

Gliederung der Wirtschaft

Was bedeutet der Begriff Wirtschaft?

Der Begriff Wirtschaft begegnet uns an vielen Stellen, zum Beispiel wenn über die Arbeit des Wirtschaftsministers oder die aktuellen Wirtschaftsdaten berichtet wird. Aber was verbirgt sich hinter diesem Begriff? Er fasst alle Tätigkeiten des Menschen zur Herstellung, Beschaffung und Verwendung von Produkten (Gütern) sowie **Dienstleistungen** zusammen. Es handelt sich dabei immer um Tätigkeiten, die für das Leben der Menschen und deren Befriedigung von Bedürfnissen notwendig sind. Die Wirtschaft wird in einzelne Bereiche unterteilt.

M1 *Beschäftigtenanteile der Wirtschaftsbereiche*

Die Bereiche der Wirtschaft

1. Die frühesten Formen der wirtschaftlichen Tätigkeiten des Menschen sind die Land- und Forstwirtschaft, die Fischerei, aber auch der Bergbau. Hier gewinnt der Mensch die Rohstoffe direkt aus der Natur. Man nennt diesen **Wirtschaftsbereich** auch den **primären Sektor** oder die Urproduktion.

2. Die Urprodukte werden anschließend in der produzierenden und verarbeitenden Industrie zu gebrauchsfähigen Gütern umgeformt. So wird z. B. die Zuckerrübe in der Zuckerfabrik zu Zucker verarbeitet. Dieser Wirtschaftsbereich wird auch **sekundärer Sektor** genannt.

3. Die hergestellten Güter werden schließlich räumlich verbreitet. Der Zucker gelangt in die Geschäfte und wird dort an die Kunden verkauft. Alle Tätigkeiten, die der Versorgung sowie der Betreuung dienen, wie zum Beispiel Handel, Verkehr, Gesundheitswesen, Bildung, Polizei, Banken, gehören zum Dienstleistungsbereich. Der Dienstleistungsbereich wird auch als **tertiärer Sektor** bezeichnet.

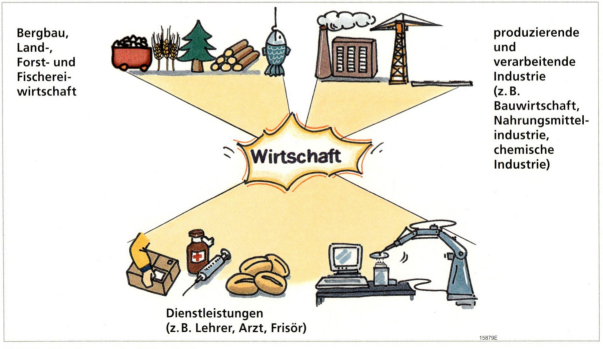

M2 *Die Gliederung der Wirtschaft*

M3 *Beschäftigte in den Wirtschaftsbereichen*

❶ Erkläre den Begriff Wirtschaft (Text).

❷ Beschreibe die einzelnen Bereiche der Wirtschaft (M2).

❸ Ordne jedem Wirtschaftsbereich einen Betrieb in deiner Nähe zu.

❹ Finde im Atlas Kartensymbole für Betriebe in den Wirtschaftsbereichen.

❺ Ordne die in M3 abgebildeten Beschäftigten dem jeweiligen Wirtschaftsbereich zu. Begründe deine Entscheidung.

❻ Erstelle eine Tabelle und ordne die Arbeitsschritte in M4 dem jeweiligen Wirtschaftsbereich zu.

Land- und Forstwirschaft, …	Industrie	Dienstleistungen
…	…	…

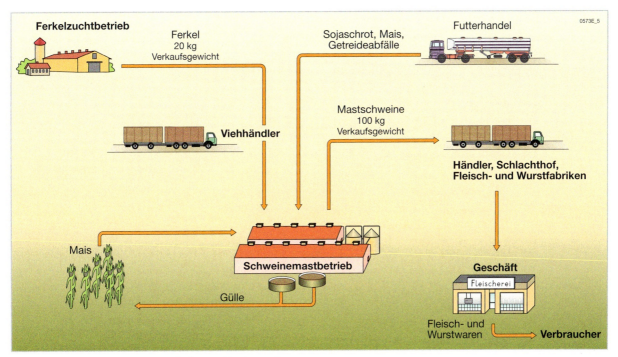

M4 *Schweinemast – vom Ferkel zum Verbraucher*

Grundwissen/Übung

Auf den Standort kommt es an – Fallbeispiel München

M1 *Standortfaktoren München*

Jeder Unternehmer möchte einen hohen Gewinn erzielen. Das geht nur, wenn er darauf achtet, dass die Kosten möglichst niedrig bleiben.

So können einige Betriebe nur an bestimmten Standorten errichtet werden. Ein Bergwerk lohnt sich nur dort, wo auch Kohle oder Erze zu finden sind, eine Werft sollte an einem Gewässer stehen. Häufig ist es günstiger, die Rohstoffe an ihrem Fundort zu verarbeiten, da ihr Transport zu teuer wäre.

Für manche Unternehmen ist die Ausbildung der Arbeitnehmer von Bedeutung. Sie bauen dort ein Werk, wo es Arbeitnehmer mit den geforderten Kenntnissen gibt. Für andere Betriebe sind Straßen- oder Schienenanschlüsse ausschlaggebend. Größere Einkaufszentren sind an wichtigen Straßen am Stadtrand angesiedelt, damit die Kunden sie gut mit dem Auto erreichen können und weil dort die Grundstückspreise niedriger sind. Für andere Unternehmer ist die Höhe der Steuern oder der vom Staat gezahlten Zuschüsse wichtig. Für jeden Betrieb spielen andere Faktoren bei der Wahl eines geeigneten Standorts eine Rolle. Diese nennt man **Standortfaktoren**.

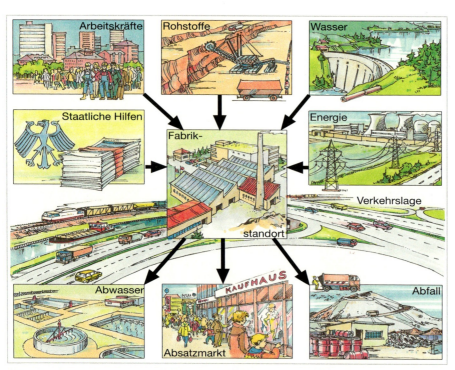

M2 *Standortfaktoren von Industriebetrieben (Auswahl)*

INFO

Standortfaktor

Als Standortfaktor bezeichnet man die Gründe, weshalb sich ein Betrieb an einer bestimmten Stelle niederlässt. Für die einzelnen Betriebe sind die verschiedenen Standortfaktoren unterschiedlich wichtig. Heute spielen für viele Unternehmen bei der Standortwahl auch Faktoren wie Kultur- und Freizeitangebote oder der gute Ruf einer Stadt eine bedeutende Rolle.

München ist ein Wirtschaftsstandort in Deutschland, der sich nicht auf der Grundlage von Bodenschätzen entwickelte. Nach 1945 zogen viele Firmen, zum Beispiel Siemens aus Berlin, in die bayerische Landeshauptstadt. Andere Unternehmen der Hochtechnologie, beispielsweise aus der Luft- und Raumfahrt (Deutsche Aerospace) und dem Automobilbau (BMW), waren vorher schon in München. Auch Betriebe, die z. B. Teile für Autos liefern, verlegten ihren Standort in die Nähe der Unternehmen.

Inzwischen sind auch Firmen aus anderen Ländern in München. Weil die Unternehmen sich vergrößern und andere Betriebe anziehen, nennt man sie Wachstumsindustrie.

Forschung und Bildung

In München arbeiten viele Menschen in Forschung und Entwicklung. Auch der Anteil der Beschäftigten mit Hochschulabschluss ist sehr hoch. Das ist besonders wichtig, weil in der **Hightechindustrie** viele gut ausgebildete Menschen benötigt werden. Diese werden auch an Münchener Hochschulen (z. B. Ludwig-Maximilians-Universität) geschult.

Kultur und Freizeit

Arbeiten, wo andere Urlaub machen: In einer Stunde erreicht man die Alpen zum Wandern oder Skifahren. München ist auch ein Kunst- und Kulturzentrum. Viele Theater sowie Museen sind in der Stadt. Auch das Münchener Oktoberfest ist ein Anziehungspunkt.

Die Zukunft von München

Viele Menschen in München beschweren sich über hohe Preise für Bauen, Wohnen und Essen. Geichzeitig bauen viele Betriebe zusätzliche Fabriken in Osteuropa oder auch in Indien und China, weil es dort für sie günstiger ist. Die Menschen in diesen Ländern erhalten oft weniger Lohn. Zum Teil können auch Erfindungen schneller umgesetzt werden, da das Produkt schneller genehmigt wird.

So kann es passieren, dass Fabriken in München schließen und die Menschen ihre Arbeit verlieren. Einem steigenden Anteil von Gutverdienenden stehen so viele Menschen gegenüber, die als arm bezeichnet werden. Der Wettbewerb wird härter, die Betriebe setzen auf maßgeschneiderte Produkte anstatt Massenware. Auch die Politik versucht die Situation zu verbessern, indem sie z. B. neue und auch alte Unternehmen fördert.

M3 *Der Standort München*

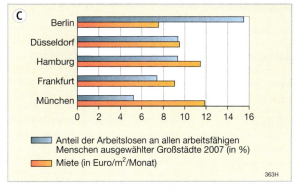

M4 *Standortfaktoren München*

❶ Erkläre den Begriff Standortfaktor.

❷ a) Bildet Vierergruppen.
b) Wählt zwei Standortfaktoren aus M2 aus und erklärt, weshalb diese Standortfaktoren für einen Betrieb wichtig sein können.

❸ Erstelle eine Tabelle, in der du die in M3 erwähnten Standortfaktoren Münchens auflistest.
Unterscheide positive und negative Faktoren für München.

❹ a) Ordne die Fotos M1 A–D und M4 A–C einem Standortfaktor zu.
b) Bewerte, ob es sich um einen positiven oder negativen Faktor für die Stadt München handelt.

❺ Erkläre den Begriff Wachstumsindustrie (M3).

❻ Gestaltet eine Wandzeitung zum Thema „Standortfaktoren – Beispiel München".

positiver Standortfaktor	negativer Standortfaktor
…	…

Übung: Raumbeispiel München

M1 *Essen 1870*

Entstehung eines Ballungsgebietes – das Ruhrgebiet

Vor mehr als 240 Jahren entwickelte der Brite James Watt eine Dampfmaschine. Sie war eine wesentliche Grundlage für die Entstehung von Fabriken, aber auch die Förderung der **Steinkohle**vorkommen im Ruhrgebiet in größerer Tiefe. So konnte der Abbau des für die Region bedeutsamen Bodenschatzes weiter ausgedehnt werden. Es entstanden viele neue Schachtanlagen, Eisenhütten- und Stahlwerke, Kraftwerke sowie Kokereien. Außerdem wurden neue Fabriken zur Herstellung von Maschinen, Werkzeugen, Blechen, Drähten sowie zur Produktion von Textilien und Nahrungsmitteln gebaut.

Mit dieser Entwicklung stieg gleichzeitig der Bedarf an Arbeitskräften. Deshalb zogen viele Menschen aus dem Umland und anderen Regionen ins Ruhrgebiet, um in den Zechen und Fabriken zu arbeiten. Neue Siedlungen entstanden. Bereits bestehende Orte mussten erweitert werden und wuchsen zu großen Städten. Es entwickelte sich auch ein dichtes Netz von Straßen, Schienen- und Wasserwegen. Dies erforderte der sprunghaft angestiegene Gütertransport.

Heute ist das Ruhrgebiet ein großer Raum, in dem Menschen, Wirtschaftseinrichtungen, Gebäude und Verkehrswege stark konzentriert sind. Regionen mit diesen Merkmalen nennt man **Ballungsgebiete**. Das Ruhrgebiet ist mit rund fünf Millionen Einwohnern heute das größte Ballungsgebiet Deutschlands. Es ist der Kernraum der Rhein-Ruhr-Ballung, zu der auch die Gebiete um Köln/Bonn und Mönchengladbach gehören.

Ballungskern
Am stärksten verdichteter Bereich eines Ballungsgebietes, meist eine Großstadt. Er hat eine große Bedeutung für die wirtschaftliche Entwicklung des Raumes. Ein Ballungsgebiet kann mehrere Ballungskerne aufweisen.

Ballungsfeld
Um Großstädte dehnt sich bei günstigen Standortbedingungen der Wirtschaftsraum flächenhaft in das Umland aus. Dies führt vor allem zur Verdichtung von Bevölkerung, Verkehrswegen und Dienstleistungen in diesem Raum.

Ballungsrandzone
Äußerer Teil eines Ballungsgebietes. In den oft ländlichen Siedlungen dieses Bereiches leben viele Arbeitskräfte, die im Ballungskern oder Ballungsfeld arbeiten. Er dient den Menschen auch als Erholungsraum.

Neben der Landwirtschaft spielt der Abbau von Rohstoffen, die im Kernraum benötigt werden, eine wichtige Rolle. Außerdem stellt das Gebiet Flächen für die Ablagerung von Abfällen der Bevölkerung und aus der Industrie bereit.

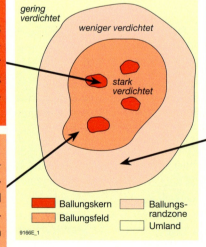

M2 *Aufbau eines Ballungsgebietes*

M3 *Blick über die Essener Innenstadt 2010*

M7 *Lage des Ruhrgebiets in Nordrhein-Westfalen*

❶ Orientiere dich im Ruhrgebiet: Benenne große Städte, Flüsse und Kanäle (M7, Atlas).

❷ Erläutere am Beispiel des Ruhrgebietes die Entstehung eines Ballungsgebietes.

❸ Beschreibe die Merkmale eines Ballungsgebietes (M2, M3).

❹ Analysiere die Tabelle M4.

❺ Erkläre die Karikatur M5.

❻ Beschreibe die Verarbeitung der Kohle anhand der Abbildung M6.

Jahr	Duisburg	Dortmund	Essen
1800	5 000	4 000	3 000
1850	12 000	15 000	9 000
1900	93 000	143 000	119 000
1950	411 000	119 000	605 000

M4 *Bevölkerungsentwicklung im Ruhrgebiet*

M5 *Karikatur* — „Toll, wie unser Stahl hier auf der Kohle wächst."

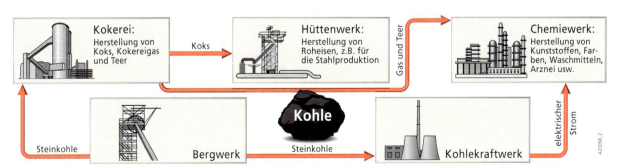

M6 *Kohle – Gewinnung und Verarbeitung*

Übung: Raumbeispiel Ruhrgebiet

Methode: Das Internet als Informationsquelle nutzen – Was ist eine Zeche?

Das Kohlenbergwerk – Arbeit unter Tage

Schlägel und Eisen – Symbol der Bergleute

Früher gehörten Kohlenbergwerke zum täglichen Leben im Ruhrgebiet. Diese **Zechen** gab es an vielen Orten. Wer darüber etwas wissen wollte, der musste zum Beispiel bei Verbänden, Behörden oder den Beschäftigten im Bergbau nachfragen. Heute dagegen kann man einfach an Informationen zur Arbeit unter der Erde kommen, nämlich aus dem Internet.

Das Internet – eine Informationsquelle

Das Internet bietet zu (fast) jedem Thema Informationen an. Diese bestehen oft nicht nur aus Texten, Schaubildern und Fotos, sondern auch aus Geräuschen und Filmausschnitten.
Ein Beispiel dafür ist die „virtuelle Grubenfahrt" unter der Internetadresse „www.rag-deutsche-steinkohle.de". „Virtuell" heißt, dass die Grubenfahrt nur elektronisch am Computer stattfindet, nicht in Wirklichkeit. Man kann also am Computer sitzen und trotzdem an Stellen gelangen – 1000 Meter tief unter der Erdoberfläche –, die man sonst nie besuchen könnte.

Während der Grubenfahrt erklärt ein virtueller Bergmann viele interessante Geschehnisse „über Tage" und „unter Tage", wie die Bergleute sagen. Außerdem werden Fotos und Filme gezeigt.
Gerade im Bergbau werden viele Fachwörter benutzt, zum Beispiel Zeche oder Grube für das Kohlebergwerk sowie Streb, Stollen oder Schlagwetter. Auch diese Begriffe kann man sich über das Internet erklären lassen. Dazu gibt es virtuelle Lexika. In einem virtuellen Lexikon findet man Informationen zu sehr vielen Begriffen.
Doch Vorsicht! Die Angaben im Internet sind nicht immer ganz zuverlässig. Im größten virtuellen Lexikon „Wikipedia" kann zum Beispiel jeder einen Beitrag schreiben, ohne dass dieser von Fachleuten überprüft wird.

INFO
Internet
Das Internet (inter: lateinisch „zwischen", net: englisch „Netz") ist eine Vernetzung von Millionen Computern. Die Verbindungen werden über Telefonleitungen, Funk, Satelliten oder Glasfaserkabel hergestellt. Das Internet bietet viele Nutzungsmöglichkeiten. Die bekanntesten sind der Austausch von E-Mails, das Versenden von Daten und das World Wide Web (www).

INTERNET
www.rag-deutsche-steinkohle.de
(Hier findest du die „virtuelle Grubenfahrt".)
www.wikipedia.de
www.wissen.de

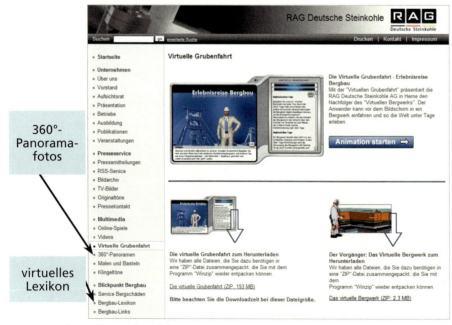

M1 *Die „virtuelle Grubenfahrt"*

INFO
1. Über den **Linkspfeil** (oben links im Fenster) kommst du zur vorigen Seite zurück.
2. In der **Funktionsleiste** über dem Fenster steht die Adresse der Internetseite.

Grundwissen/Übung

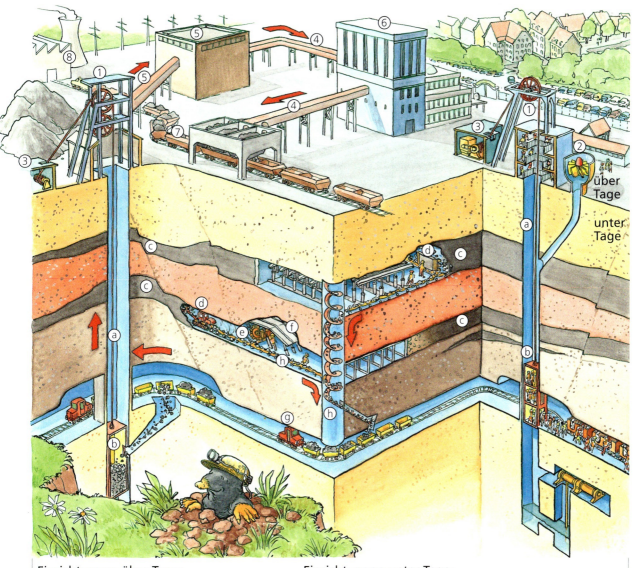

Einrichtungen über Tage:
① Förderturm/Fördergerüst
② Belüftungsanlage
③ Fördermaschine
④ Förderband
⑤ Kohlenwäsche
⑥ Kohlenbunker
⑦ Zechenbahn
⑧ Kraftwerk

Einrichtungen unter Tage:
ⓐ Schacht
ⓑ Förderkorb (Personen/Material)
ⓒ **Flöz**
ⓓ Streb
ⓔ Walzenschrämlader
ⓕ Schilde (Schildausbau)
ⓖ Güterzug mit Kohle
ⓗ Förderband

M2 *Arbeitsweise im Steinkohlebergbau*

❶ Informiere dich im Internet unter www.rag-deutsche-steinkohle.de:
a) Beschreibe die Entstehung der Steinkohleflöze. Nutze hierzu die Erklärungen in der virtuellen Grubenfahrt.

Schreibe jeweils einen Satz zu den drei Abschnitten der Entstehung eines Flözes.
b) Betrachte die 360°-Fotos der beiden Füllorte und beschreibe, was du siehst.

❷ Erkläre mithilfe eines virtuellen Lexikons die folgenden Begriffe:
– alter Mann,
– Streb,
– Stollen,
– Schlagwetter.

❸ Schreibe einen Lexikonartikel zu dem Begriff „Zeche". Nutze als Informationsquellen: das Lehrbuch, ein gedrucktes Lexikon, „Wikipedia" und „wissen.de".

METHODE

Grundwissen/Übung

Der Pott „kocht"

„Herr Kowalski, sind Sie schon lange beim Movie Park als Elektriker beschäftigt?"
„Nein, ich habe bis 1997 im Stahlwerk in Oberhausen als Schmelzer gearbeitet. Nach meiner Entlassung wurde ich zum Starkstromelektriker umgeschult. Zum Glück habe ich bald im neuen Film- und Freizeitpark Arbeit gefunden."

„Gefällt Ihnen Ihre Arbeit?"
„Ja, sie ist sehr interessant und schwierig zugleich. Sie glauben gar nicht, mit wie viel Technik hier alles vollgestopft ist. Nehmen Sie nur die zahlreichen Puppen und Figuren. Ich musste mich nach meiner Umschulung noch lange weiterbilden, um die hoch technisierten elektrischen Anlagen genau kennenzulernen und reparieren zu können."

„Haben Sie keine Angst vor erneuter Arbeitslosigkeit?"
„Nein, gar nicht. Mein Arbeitsplatz ist sicher, weil die Menschen auch in Zukunft mehr Freizeit haben werden. Der Park wird wohl bald ausgebaut, denn die Zahl der Besucher nimmt ständig zu. Dann werden eher noch mehr Arbeitskräfte eingestellt statt welche entlassen."

M1 *Auszug aus einem Interview mit Herrn Gerd Kowalski nach dessen Umschulung*

M2 *Protestierende Stahlarbeiter*

INFO

Strukturwandel im Ruhrgebiet

Um die Folgen der Krise im Ruhrgebiet zu bewältigen, erfolgte ein **Strukturwandel**. Dieser ist gekennzeichnet durch den Rückgang des Bergbaus und der Eisen- und Stahlindustrie. Gleichzeitig nahmen moderne Industrien und Dienstleistungen zu.
Zusätzlich ergreift die Region vielfältige Maßnahmen für den Umweltschutz und zur Verbesserung der Lebensbedingungen der Menschen.

Wenn die Nachfrage sinkt, …

Ab 1956 sank die Nachfrage nach Kohle stetig. Was waren die Gründe dafür?

Kohle- und Stahlkrise
Die Förderung der Steinkohle im Ruhrgebiet ist teuer, weil die Kohle in großer Tiefe liegt und die **Flöze** nur eine geringe Mächtigkeit besitzen. Ausländische Kohle ist häufig preisgünstiger, weil sie oft im Tagebau abgebaut wird und die Löhne der Bergarbeiter niedriger sind. Außerdem führten moderne Technologien dazu, dass Hüttenwerke weniger Steinkohlenkoks zur Eisenherstellung benötigten. Auch in vielen Haushalten nutzte man nun zum Heizen Erdöl und Erdgas.
1975 kam noch eine Stahlkrise hinzu. Die Industrie verwendete vermehrt modernere Rohstoffe, z. B. Kunststoffe. Aber auch im Ausland fanden sich weniger Käufer von Stahl, weil viele Länder eine eigene Eisen- und Stahlindustrie aufgebaut hatten.

… hat das Auswirkungen auf den Standort.

Durch die sinkende Nachfrage nach Kohle und Stahl mussten viele Zechen und Hüttenwerke schließen. Die Arbeitskräfte wurden entlassen. Zum Teil zogen sie in andere Regionen Deutschlands. Aber auch in anderen Industrie- und Dienstleistungsbetrieben mussten Beschäftigte entlassen werden. Dazu zählen z. B. Betriebe, die Maschinen für den Bergbau herstellen.

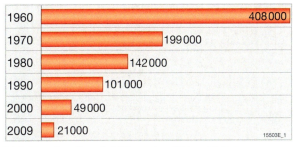

M3 *Bergbaubeschäftigte im Ruhrgebiet*

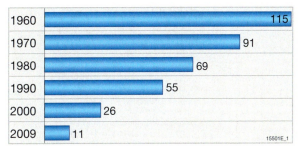

M4 *Steinkohleförderung im Ruhrgebiet (Mio. t)*

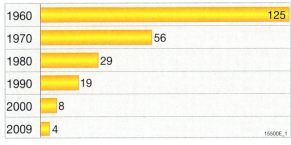

M5 *Zahl der Zechen im Ruhrgebiet*

M6 *Zahl der Arbeitslosen im Ruhrgebiet*

❶ Liste die Gründe auf, die zu einer sinkenden Nachfrage nach Ruhrkohle geführt haben.

❷ „Die sinkende Nachfrage nach Kohle hat sich im Ruhrgebiet auf Arbeitsplätze und Produktionsstätten ausgewirkt." Erläutere diese Aussage mithilfe der Materialien M3–M6.

❸ Erkläre am Beispiel des Ruhrgebietes den Begriff Strukturwandel (Info).

❹ Überlege dir, welche Maßnahmen den Strukturwandel im Ruhrgebiet fördern.

❺ Der Wandel eines Industriegebietes ist ohne ausgebildete Arbeitskräfte nicht möglich.

a) Erkläre diese Aussage am Ruhrgebiet.
b) Begründe, weshalb Herr Kowalski (M1) ein gutes Beispiel für den Strukturwandel im Ruhrgebiet ist.

❻ M8 zeigt den Wandel des Standortes Ruhrgebiet. Erläutere.

❼ Stelle die Angaben in der Tabelle M7 als Säulendiagramm dar.

❽ „Das Ruhrgebiet atmet nicht mehr Staub, sondern Zukunft." Überlege, was der Autor A. Muschg mit dieser Aussage ausdrücken möchte.

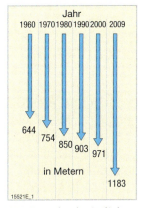

M7 *Durchschnittliche Abbautiefe der Steinkohle im Ruhrgebiet*

Jahr	Landwirtschaft	Industrie*	Dienstleistungen
1970	34 000	1 286 000	882 000
1980	28 000	1 065 000	968 000
1990	26 000	964 000	1 181 000
2000	26 000	710 000	1 393 000
2008	21 000	504 000	1 771 000

* einschließlich Bergbau

M8 *Beschäftigte im Ruhrgebiet nach Wirtschaftsbereichen*

Übung: Raumbeispiel Ruhrgebiet

Methode: Diagramme zeichnen und auswerten – das Ruhrgebiet im Wandel

M1 *Das Ruhrgebiet – ein wichtiger Standort der Wirtschaft*

Region/Land	1965	1975	1985	1995	2005	2009
Ruhrgebiet	25	24	23	19	18	14
Deutschland	37	40	41	42	45	33
China	12	24	47	95	349	568
Japan	41	102	105	102	113	88
USA	120	106	80	95	95	58

M2 *Erzeugung von Rohstahl (in Mio. t)*

Diagramme veranschaulichen Zahlen

Tabellen wirken oft unübersichtlich. Anschaulicher ist es, wenn die Zahlen aus Tabellen in Diagramme (Zahlenbilder) übertragen werden.

Mit einem **Säulendiagramm** (M5) kannst du Zahlen eines Jahres miteinander vergleichen. Je größer eine Zahl ist, desto höher ist die senkrechte Säule.

Diagramme, bei denen die Säulen waagerecht liegen, nennt man **Balkendiagramme** (siehe Seite 121, M3–M6).

Willst du eine Entwicklung über mehrere Jahre darstellen, eignet sich ein **Liniendiagramm** (M3).

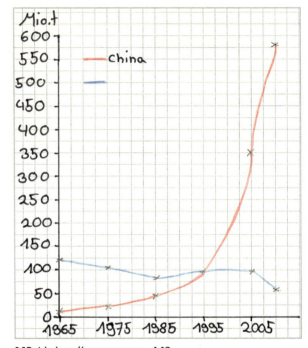

M3 *Liniendiagramm zu M2*

Region/Land	2008
Ruhrgebiet	14
Deutschland	19
Spanien	10
Tschechische Republik	13
Großbritannien	18
Polen	80
Südafrika	240
Russland	250
Indonesien	250
Australien	330
Indien	490
USA	990
China	2650

M4 *Förderung von Steinkohle (in Mio. t)*

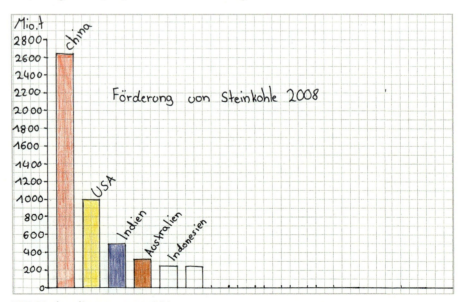

M5 *Säulendiagramm zu M4*

Fünf Schritte zum Zeichnen eines Säulendiagramms
1. Zeichne eine waagerechte Linie am unteren Blattrand und eine senkrechte Linie am linken Blattrand. Diese beiden Linien müssen genau im rechten Winkel zueinander stehen. Sie bilden das Achsenkreuz.
2. Auf der senkrechten Achse werden die Zahlenwerte eingetragen (z. B. Steinkohleförderung in Mio. t). Die Achse beginnt immer bei null. Sie muss so lang sein, dass sie über den höchsten Wert hinausreicht, damit man auch diesen Wert gut ablesen kann.
3. Zeichne die Säulen für jeden Zahlenwert ein. Beginne mit dem größten Wert. Eine Säule ist 1 cm oder zwei Rechenkästchen breit. Zwischen den einzelnen Säulen bleiben 0,5 cm oder ein Rechenkästchen frei.
4. Färbe die Säulen ein und beschrifte sie.
5. Gib dem Diagramm eine passende Überschrift.

Fünf Schritte zum Zeichnen eines Liniendiagramms
Schritt 1 und **Schritt 2** sind die gleichen wie beim Säulendiagramm (siehe oben).
3. Trage auf der waagerechten Achse die Jahreszahlen ab. Die Abstände zwischen gleich langen Zeitabständen müssen gleich groß sein.
4. Trage für jeden Zahlenwert ein Kreuz in der richtigen Höhe über der jeweiligen Jahreszahl ein.
5. Verbinde die einzelnen Kreuze von Hand mit einer Linie.

Drei Schritte zum Auswerten eines Diagramms
Wenn du Diagramme auswertest, gehst du folgendermaßen vor:
1. Nenne das Thema des Diagramms. Beachte die Überschrift oder Unterschrift. (Beispiel M5: Förderung von Steinkohle 2008)
2. Gib einen Überblick darüber, was das Diagramm verdeutlicht. (Beispiel M3: Das Diagramm zeigt für die Zeit von 1965 bis 2009, wie viel Rohstahl erzeugt wurde.)
3. Weise auf Besonderheiten hin, die dir auffallen. (Beispiel M3: In China ist die Produktion von Stahl seit 1965 sehr stark angestiegen.)

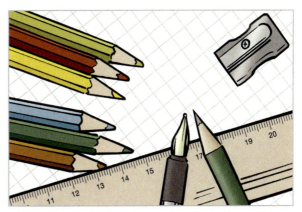

M6 *Materialien, die du zum Zeichnen brauchst*

Jahr	Landwirtschaft	Industrie	Dienstleistungen
Beschäftigte in 1000			
1970	2400	13 000	10 900
1980	1400	12 200	13 300
1990	1100	11 900	16 400
2000	1000	12 000	23 500
2009	900	10 000	29 400

M7 *Deutschland: Beschäftigte nach Wirtschaftsbereichen*

❶ Du willst mit einem Diagramm zeigen, wie viele Mädchen und Jungen es in deiner Klasse gibt.
a) Wähle eine geeignete Diagrammform.
b) Finde eine passende Überschrift für das Diagramm.

❷ a) Zeichne ein Säulendiagramm zu M4.
b) Welche Vorteile hat das Diagramm im Vergleich zur Tabelle?

❸ Zeichne ein Säulendiagramm zu M2.

❹ a) Übertrage das Liniendiagramm M3 auf ein Blatt mit Kästchen.
b) Zeichne zusätzlich mithilfe von M2 die Rohstahlerzeugung der anderen Länder und des Ruhrgebietes ein.
c) Ergänze die Legende und gib dem Diagramm eine passende Überschrift.

❺ Zeichne ein Diagramm, das die Aufteilung der Beschäftigten nach Wirtschaftsbereichen in Deutschland zeigt (M7).

❻ a) Beschreibe zwei der Balkendiagramme auf Seite 121 (M3–M6).
b) Fasse die von dir in 6a) erarbeiteten Ergebnisse in Merksätzen zusammen.

Gewusst – gekonnt: Ausgewählte Ballungsgebiete

Lernen nach Farben!
Hier am Ende des Kapitels findest du Aufgaben zum Grundwissen und den Fallbeispielen (blau umrandet), zu den Methoden (gelb umrandet), zum Orientierungswissen (grün umrandet) und zum Informationsaustausch (rot umrandet). Du kannst nun selbst dein Wissen und deine Fertigkeiten überprüfen. Viel Spaß dabei!

2. Die Nutzung der Steinkohle
Übertrage das Schema in dein Heft oder deine Mappe und notiere, wozu Steinkohle verwendet wird.

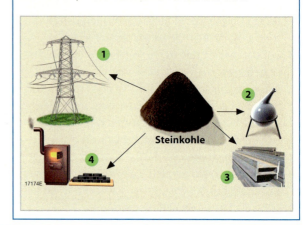

1. Kennst du dich aus?
a) Notiere mindestens fünf typische Merkmale einer Stadt.
b) Nenne Vorteile, die das Wohnen in der Stadt mit sich bringt.
c) Nenne drei Beispiele, wie Stadt und Umland miteinander verbunden sind.

3. Die Wirtschaftsbereiche
a) Ordne die abgebildeten Berufe dem Industrie- und Dienstleistungsbereich zu.
b) Nenne Berufe, die dem fehlenden Wirtschaftsbereich angehören.

4. Fachbegriffe des Kapitels
Erkläre fünf der Fachbegriffe.

Stadt
Mittelpunktfunktion
Grunddaseinsfunktion
Wirtschaft
Wirtschaftsbereich
Standortfaktor
Ballungsgebiet
Kohle- und Stahlkrise
Strukturwandel
Hightech-Industrie
Umland
Fußgängerzone
Pendler
Stau
Dienstleistung
Energieträger
Steinkohle
Bergwerk
Internet
Modell
Tabelle
Säulendiagramm
Balkendiagramm
Liniendiagramm

5. Standortfaktoren
Ordne den folgenden Unternehmen die Standortfaktoren zu, die für sie besonders wichtig sind.
1. Entwicklung von Computerprogammen (Software-Entwickler)
2. Kokerei
3. Bäcker

Kulturangebot | Steinkohle | Arbeitskräfte | Kunden in der Nähe | guter Ruf der Stadt | Geldunterstützung durch Regierung | Nähe von Forschungseinrichtungen

Leben in der Stadt und auf dem Land

6. Ballungsgebiete in Deutschland

a) Ordne mithilfe des Atlas den Zahlen in der Karte die folgenden Ballungsgebiete zu:
Berlin, Dresden, Halle-Leipzig, Hannover-Braunschweig-Wolfsburg, Chemnitz-Zwickau, Bremen, Hamburg, Rhein/Ruhr, Rhein/Main, Rhein/Neckar, Mittlerer Neckar, Nürnberg-Fürth-Erlangen, München.

b) Arbeite mit dem Atlas: Für welche Räume spielte der Standortfaktor „Rohstoffe" eine entscheidende Rolle (Karte: Deutschland – Wirtschaft).

c) Nenne wichtige Merkmale von Ballungsgebieten.

7. Diagramme zeichnen und lesen

a) Zeichne ein Liniendiagramm mit drei Linien zu den Zahlen der Beschäftigten im Ruhrgebiet nach Wirtschaftsbereichen. Verwende drei verschiedene Farben für die Linien und lege eine Legende an.
b) Werte das Diagramm aus.

Jahr	Landwirtschaft	Industrie	Dienstleistungen
1970	34 000	1 286 000	882 000
1980	28 000	1 065 000	968 000
1990	26 000	964 000	1 181 000
2000	26 000	710 000	1 393 000
2008	21 000	504 000	1 771 000

Beschäftigte im Ruhrgebiet nach Wirtschaftsbereichen

8. Eine Tabelle auswerten

a) Beschreibe den Aufbau einer Tabelle.
b) Werte die Tabelle zu den Einwohnerzahlen von Sachsen und den angrenzenden Bundesländern aus.

Bundesland	Einwohnerzahl
Bayern	12 500 000
Brandenburg	2 500 000
Sachsen	4 200 000
Sachsen-Anhalt	2 400 000
Thüringen	2 200 000

9. Das Internet als Informationsquelle nutzen

Erkläre mithilfe eines virtuellen Lexikons den Begriff „Kumpel".
(Buch Seiten 118–119)

Leben in der Stadt und auf dem Land

Der deutsche Mittelgebirgsraum

Im Pfälzer Wald

M1 *Hochfläche im Erzgebirge*

Landschaften im Mittelgebirgsraum

An das Norddeutsche Tiefland schließt sich nach Süden hin der **Mittelgebirgsraum** an. Er ist flächenmäßig die größte der deutschen Landschaften. Die Ausdehnung von Nord nach Süd beträgt rund 400 Kilometer. Im Süden bildet die Donau die Grenze zum Alpenvorland.

Mittelgebirge unterscheiden sich im Aussehen und in der Höhe deutlich von Hochgebirgen. Mittelgebirge sind sehr vielgestaltig. Abgerundete Berge, Hochflächen und Täler wechseln miteinander ab. Neben Mittelgebirgen mit ihren Vorländern gibt es auch Vulkangebiete, Schichtstufenländer sowie Gräben.

Hochgebirge reichen in Europa mit dem höchsten Gipfel der Alpen, dem Mont Blanc, an die 5000 Meter heran. Dagegen erreichen in den deutschen Mittelgebirgen nur einzelne Berge die Höhe von knapp 1500 Meter. In Deutschland ist der Feldberg im Schwarzwald mit 1493 Metern die höchste Erhebung des Mittelgebirgsraumes.

Der Waldreichtum der Mittelgebirge und das abwechslungsreiche Relief laden in der warmen Jahreszeit zum Wandern und Erholen, im Winter zum Rodeln und Skilaufen ein.

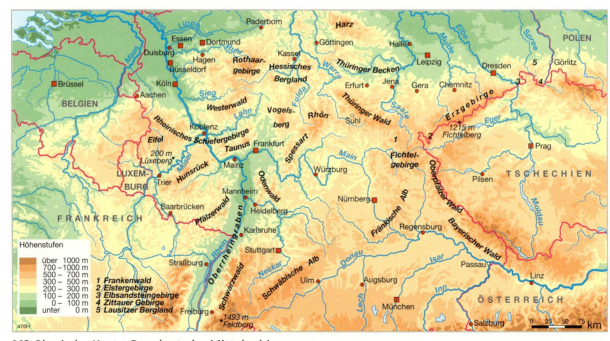

M2 *Physische Karte: Der deutsche Mittelgebirgsraum*

M3 *Im Oberrheingraben*

① Beschreibe die Lage des deutschen Mittelgebirgsraumes (M2, Atlas).

② Ordne die Mittelgebirgslandschaften in M1 und M3 bis M5 mithilfe des Atlas räumlich ein.

③ Nenne Merkmale, die Mittelgebirgslandschaften gemeinsam haben (M1 bis M5).

④ Vergleiche die Landschaften in M1, M3 und M4. Beschreibe Gemeinsamkeiten und Unterschiede dieser Landschaften.

M4 *Ein erloschener Vulkan: Der Lüxeberg nahe Wittlich in der Eifel*

M5 *Die Schwäbische Alb, ein Schichtstufenland*

Grundwissen / Übung

INFO

Magmatische Gesteine
Sie entstehen aus einer Gesteinsschmelze (**Magma** oder **Lava**). Kühlt das Magma in der Tiefe der Erde sehr langsam ab, bilden sich gut sichtbare Minerale aus (z. B. bei Granit). Erstarrt Lava an der Erdoberfläche sehr rasch, kommt es zur Ausbildung einer dichten Gesteinsgrundmasse (z. B. Basalt).

Metamorphe Gesteine
Die Gesteine entstehen durch hohen Druck und hohe Temperaturen in der Tiefe der Erde. Dabei kommt es zu Umwandlungsprozessen der dort vorhandenen Gesteine. Die sogenannten Umwandlungsgesteine sehen aus, als hätten sie mehrere Bänder oder Lagen (z. B. Gneis).

Sedimentgesteine
Sie werden auch als Ablagerungsgesteine bezeichnet. Zerkleinertes Gesteinsmaterial wird durch Flüsse, Wind oder Eis transportiert und abgelagert. Unter dem Druck der abgelagerten Schichten kommt es zu einer Verfestigung des Gesteins (z. B. Sandstein). Auch aus der Ablagerung abgestorbener Pflanzen können so Gesteine entstehen (z. B. Kohle).

Gesteine „erzählen"

Die Schüler der Klasse 5a einer Schule in Annaberg-Buchholz haben verschiedene Steine in den Unterricht mitgebracht. Sie haben sie im Urlaub gesammelt. Jedes **Gestein** hat seine eigene Geschichte und Besonderheiten.

Von ihrem Geographielehrer erfahren die Schülerinnen und Schüler, dass es drei Hauptgesteinsgruppen gibt: die magmatischen Gesteine, die metamorphen Gesteine und die Sedimentgesteine (siehe Info). Im Unterricht wollen sie ihre Gesteine diesen Gruppen zuordnen. Dazu müssen sie wichtige Merkmale bestimmen:

- Sind bei den Gesteinen Minerale erkennbar oder bestehen sie aus einer einheitlichen Grundmasse? Minerale sind die Bestandteile, aus denen die Gesteine bestehen.
- Wie sind die Minerale angeordnet?
- Welche Farbe haben sie?
- Wie ist die Härte eines Gesteins?

Nachdem die Gesteine bestimmt wurden, lässt sich auch die Gesteinsentstehung ableiten. Auf der nächsten Seite (M2) seht ihr einige ihrer Ergebnisse.

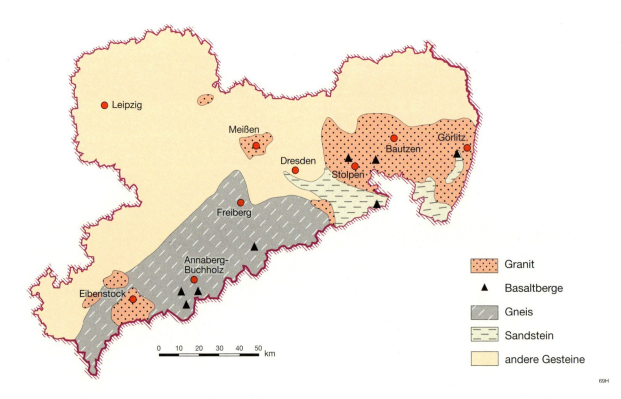

M1 *Wichtige Gesteinsvorkommen in Sachsen*

„Ich habe aus Bad Schandau im Elbsandsteingebirge einen Sandstein mitgebracht. Die Steine können unterschiedliche Farben haben, weil sie oft aus anderen Materialien zusammengesetzt sind (z. B. Eisen). Der Sand wurde im Meer abgelagert. Später darüber abgelagerte Schichten pressten ihn so stark zusammen, dass er zu Stein wurde.
Sandstein wird zu den Sedimentgesteinen gezählt. Er ist ein gutes Baumaterial. Viele Kirchen, Schlösser und andere Gebäude sind aus Sandstein gebaut."

„Letztes Jahr habe ich meine Oma in Scheibenberg im Erzgebirge besucht. Dort in der Nähe liegt der Scheibenberg, eine Erhebung aus Basalt. Das Gestein entsteht, wenn Magma (geschmolzenes Gestein) an der Oberfläche erstarrt. Oberhalb der Erdoberfläche bezeichnet man Magma als Lava. Die Lava des Scheibenbergs bildete während der Abkühlung an der Erdoberfläche Säulen. Den Basalt nennt man auch Ergussgestein. Er zählt zu den magmatischen Gesteinen, weil er wie Granit aus Magma entsteht. Er ist sehr hart und wird z. B. im Straßenbau verwendet."

„Von meinem Stein hat bestimmt schon jeder etwas gehört, dem Granit. Den habe ich bei einer Besichtigung eines Abbauunternehmens mit meinen Eltern in Demitz-Thumitz, in der Oberlausitz – zwischen Bautzen und Bischofswerda –, gefunden. Granit entsteht im Erdinneren, wenn Magma schon in der Tiefe langsam erstarrt und fest wird. Deshalb nennt man ihn auch Tiefengestein. Dieses zählt wiederum zu den magmatischen Gesteinen. Granit ist sehr hart und wetterbeständig. Er wird z. B. zum Pflastern von Straßen und im Gebäudebau verwendet."

„Ich war mit meinen Eltern in Tharandt zwischen Freiberg und Dresden. Wir besichtigten dort die Ruine der Burg Tharandt. Hier habe ich einen Gneis gefunden. Der Stein ist sehr fest. Seine Bestandteile (grau, weiß und schwarz) sind in eine Richtung eingeregelt. Der Gneis kann aus Sedimenten oder magmatischen Gesteinen entstehen. Durch große Hitze und enormen Druck wird aber das alte Gestein in der Tiefe umgewandelt. Der Gneis zählt zu den Umwandlungsgesteinen (metamorphen Gesteinen). In der Bauwirtschaft wird er z. B. für Fliesen verwendet."

M2 *Schüler erzählen*

❶ Beschreibe die Gesteinshandstücke (M2 oder Gesteinssammlung in der Schule).

❷ Finde die Gesteinsfundorte (M2) und beschreibe ihre geographische Lage (Atlas). Beginne z. B. so: Das Elbsandsteingebirge liegt im … des Bundeslandes …

❸ Sammelt auf einer Unterrichtsexkursion selbst Gesteine und beschreibt sie im Geographieunterricht.

❹ Finde bei einem Spaziergang in einer Stadt Bauwerke, die aus den Gesteinen in M2 errichtet wurden.

❺ Beschreibe die unterschiedlichen „Lebensläufe" der Gesteine Granit, Gneis und Sandstein im Comic auf den Schulbuchseiten 132 und 133.

Grundwissen / Übung

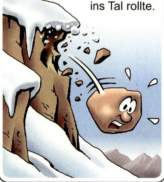

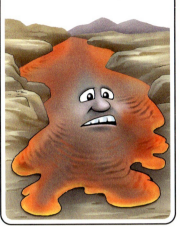

M1 *Abtragung durch Wasser*

M2 *Abtragung durch Eis*

M3 *Abtragung durch Wind*

M4 *Verwitterung durch Frost*

M5 *Verwitterung durch die Wurzeln der Pflanzen*

Verschiedene Kräfte verändern die Erdoberfläche

Hast du dir schon einmal überlegt, warum es Gesteine unterschiedlicher Größe auf der Erde gibt?

Gebirge bestehen aus großen Gesteinsfelsen. Im Gegensatz dazu liegen an der Küste der Ost- oder Nordsee viele kleinere Gesteinsbrocken und am Strand gibt es unzählige Sandkörnchen. Kräfte, die von außen auf die Erdoberfläche wirken wie Sonne, Wind, Wasser und Eis zerkleinern Gestein. Die Zerkleinerung von Gestein bezeichnet man als **Verwitterung**. So kann es vorkommen, dass Regenwasser in Gesteinsspalten und -risse eindringt. Das bei Minusgraden zu Eis gefrorene Wasser sprengt Gesteinsstücke vom Fels ab. Wurzeln sprengen ebenfalls Gestein, wenn sie durch Wachstum dicker werden.

Nachdem das Gestein zerkleinert wurde, wird es z. B. durch Flüsse abgetragen (= **Erosion**) und abtransportiert. Später, wenn die Transportkraft nachlässt, wird es an einer anderen Stelle der Erdoberfläche wieder abgelagert (= **Sedimentation**). Durch diese Vorgänge finden auf der Erdoberfläche ständig Umlagerungen von Gesteinsmaterial statt (M6).

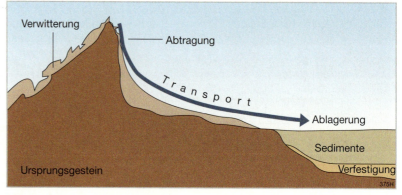
M6 *Umlagerung von Gestein*

Experiment 1: Der Wind weht ...
Material: Sandkasten, Sand, unterschiedlich große Steine, Föhn
Durchführung: Legt die verschiedenen Steine in den Sand. Mit dem Föhn könnt ihr den Wind nachahmen. Achtet darauf, dass ihr den Föhn flach über den Sand blasen lasst. Wenn man eine Hand vor das Gerät hält, kann man die Kraft des „Sandstrahlers" fühlen. Bei gleicher „Windrichtung" ergeben sich um die Steine besondere Muster. Könnt ihr sie erklären?
Tipp: Je trockener und feiner der Sand ist, desto besser funktioniert es.

M7 *Experiment: Die Kraft des Windes*

Experiment 2: Wasser marsch ...
Material: Sandkasten, Gießkanne
Durchführung: Formt einen großen Sandhügel und beregnet ihn mit der Gießkanne. Unterbrecht den „Regen" und untersucht die verschiedenen Talformen, die entstanden sind. Ihr könnt auch leichtes Nieseln und Starkniederschläge nachahmen und die unterschiedlichen Auswirkungen dokumentieren.
Tipp: Verwendet einen Streuaufsatz auf der Gießkanne.

M8 *Experiment: Die Kraft des Wassers*

Experiment 3: Die Vegetation gewinnt ...
Material: Sandkasten, Gießkanne, Moos- oder Graspolster
Durchführung: Formt einen großen Sandhügel und belegt die Hälfte mit Moos- oder Graspolstern. Begießt nun sowohl die bedeckte als auch die unbedeckte Seite des Sandberges. Was beobachtet ihr? Achtet besonders auf die Kante zwischen dem bewachsenen und dem kahlen Teil!
Tipp: Je mehr Wurzeln eure Moospolster haben, desto deutlicher ist das Ergebnis.

M9 *Experiment zur Vegetation*

Experiment 4: Die Flut kommt ...
Material: Sandkasten mit hohen Wänden, Wasser, Brett
Durchführung: Baut auf der einen Seite des Sandkastens eine Steilwand auf, die eine Küste darstellen soll. Zwei Drittel des Behälters sollten dabei sandfrei bleiben. In diesen Bereich gießt ihr etwas Wasser. Mithilfe des Bretts könnt ihr nun Wellen erzeugen. Was geschieht, wenn ihr viele kleine Wellen oder aber hohe Sturmwellen an eure Steilküste prallen lasst?
Tipp: Die Steilwand sollte dreimal so hoch wie der Wasserstand sein.

M10 *Wellenexperiment*

❶ Beschreibe die Abbildung M6.

❷ Beschreibe die Vorgänge, die in M4 und M5 zur Verwitterung des Gesteins führen.

❸ Nenne Kräfte, die Gesteinsmaterial abtragen und transportieren.

❹ Erläutere, warum die Verwitterung von Gesteinen Voraussetzung für Abtragungs-, Transport- und Ablagerungsvorgänge ist (M6).

❺ a) Führt M7–M10 durch. Schreibt eure Beobachtungen ins Heft.
b) Fügt den Experimenten kleine Häuschen und Autos hinzu. Wie wirken sich die Kräfte aus?
c) Überlegt, wie man zum Schutz vor Erosion beitragen kann.

Grundwissen/Übung

Ein Fluss bei der Arbeit

Das Wasser ist eine bedeutende Kraft bei der Gestaltung der Erdoberfläche. Seine Arbeit ist für uns deshalb so beeindruckend, weil sie deutlich sichtbare Formen hinterlässt, wie z. B. **Rinnen** und **Täler**.

M1 *Profil eines Flusses*

Ab einer bestimmten Neigung der Oberfläche beginnt Wasser zu fließen. Es wirkt auf sie ein, bildet Rinnen, sammelt sich in Bächen und mündet dann in größere Flüsse.

Ein **Fluss** wird in Flussabschnitte eingeteilt – Oberlauf, Mittellauf und Unterlauf. In diesen Bereichen können die Auswirkungen der Flussarbeit untersucht werden.

Flüsse, die im Gebirge entspringen, haben in ihrem Oberlauf meist eine hohe Fließgeschwindigkeit. Der Grund dafür ist ein großes Gefälle.

In diesem Flussabschnitt ist das Flusstal als Klamm oder Kerbtal ausgebildet (M2). Der Fluss „frisst" sich wie eine Säge in die Tiefe (= Tiefenerosion). Die wichtigsten „Werkzeuge" dafür sind die Steine im Flussbett. Der Fluss reißt

Der deutsche Mittelgebirgsraum

Grundwissen/Übung

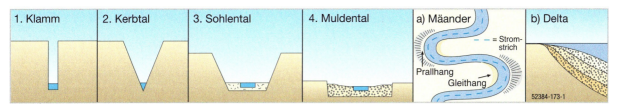

M2 *Talformen (1–4) und Flusstypen (a,b)*

sie mit und rundet bzw. schleift sie dabei ab. Diese Steine im Flussbett nennt man Gerölle. Im Oberlauf findet sich Geröll unterschiedlichster Größe bis hin zu größeren Felsbrocken.

Im Mittellauf verringert sich das Gefälle. Deshalb „schneidet" sich der Fluss nicht mehr so tief ein. Dafür „nagt" er an den Ufern (= Seitenerosion). Das Gestein vom Ufer stürzt in das Flussbett und wird abtransportiert.
Auf diese Weise entsteht z. B. ein Sohlental (M2). Die Haupttätigkeit des Flusses im Mittellauf ist der Transport von Material. Das Geröll ist wegen des längeren Transports kleiner und runder als im Oberlauf.

Im Unterlauf überwiegt die Ablagerung. Da hier das Gefälle nur noch gering ist, beginnt der Fluss in „Schlangenlinien" zu fließen. Diese Flusswindungen heißen **Mäander** (M2a).

Mündet der Fluss in einen See oder ins Meer, wird seine Fließgeschwindigkeit abrupt abgebremst, das mitgeführte Material wird abgelagert. Diese Ablagerung (Sedimentation) kann dazu führen, dass sich ein **Delta** (M2b) bildet.

❶ Erkläre, unter welchen Bedingungen ein Fluss Gesteinsmaterial abträgt und transportiert bzw. ablagert.

❷ a) Beschreibe die Fotos (M1, A–E).
b) Um welche Talformen handelt es sich (M2)?

❸ Übernimm die Tabelle (rechts) in dein Heft. Ordne die Talformen und Flusstypen (M2) den Flussabschnitten (Oberlauf, Mittellauf, Unterlauf) zu.

❹ Erkläre die Bildung unterschiedlicher Talformen in den verschiedenen Flussabschnitten (M2).

❺ Ordne der Elbe die Begriffe Ober-, Mittel- und Unterlauf zu. Beginne z. B. so: Der Oberlauf erstreckt sich von … und reicht bis etwa …

Fluss-abschnitt	Talform/Flusstyp
Oberlauf	…

M1 *Barbarine: Eine Felsnadel nahe Königstein*

Im Elbsandsteingebirge

Das Elbsandsteingebirge ist eine der schönsten Landschaften Deutschlands. Als vor mehr als 200 Jahren zwei Schweizer Maler das Gebirge sahen, gaben sie ihm aufgrund seiner Schönheit den Beinamen Sächsische Schweiz.

Das Elbsandsteingebirge hat eine besondere Entstehungsgeschichte. Du hast bereits den Sandstein kennengelernt. Dort, wo sich heute das Gebirge befindet, war vor ca. 125 Millionen Jahren ein Meeresarm. Auf seinem Grund lagerten sich mächtige Schichten von Sand ab, die sich nach Rückgang des Meeres zu Sandstein verfestigten. Das Gebirge besteht aus grauem Sandstein. Seine dunkle Färbung kommt von der Verwitterung des Gesteins an der Oberfläche.

Im Elbsandsteingebirge finden wir weite Ebenen, frei stehende Felsen und großflächige Tafelberge, zum Beispiel den Lilienstein und den Königstein. In die Ebenen aus Sandstein schnitten die Elbe und ihre Nebenflüsse weite Täler und steilwandige enge Schluchten (= Klamm) ein. Zu bewundern sind auch bizarre, nadelartige Felsgebilde, die beliebte Kletterziele sind (M2).

Teile des Elbsandsteingebirges sind besonders geschützt. Sie liegen im **Nationalpark** Sächsische Schweiz. In einem Nationalpark sollen die Landschaft, Tiere und Pflanzen bewahrt werden. Deshalb gelten hier besondere Verhaltensregeln (M4).

M2 *Klettern im Elbsandsteingebirge kann gefährlich sein*

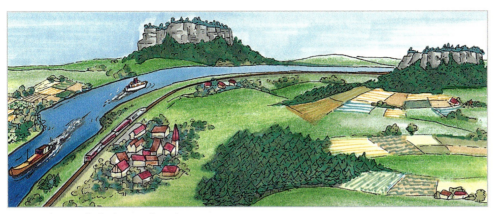

M3 *In der Sächsischen Schweiz*

M6 *Lage des Elbsandsteingebirges*

① Beschreibe die Lage des Elbsandsteingebirges in Sachsen und Deutschland (M6, Atlas).

② Erkläre den Beinamen Sächsische Schweiz für das Elbsandsteingebirge.

③ 〰️ Beschreibe die Entstehung des Elbsandsteingebirges (M2, M5).

④ Nenne Oberflächenformen im Elbsandsteingebirge (M1, M3, M5).

⑤ Vergleiche die Oberflächenformen des Elbsandsteingebirges mit denen des Erzgebirges (S. 128, M1).

⑥ Das Elbsandsteingebirge ist eine Touristenregion.
Erkläre, warum das Klettern im Elbsandsteingebirge nur an ausgewählten Stellen erlaubt ist.

⑦ Begründet in einem Kurzbericht, welche Dinge im Naturpark Sächsische Schweiz erlaubt oder verboten sind (M4).

M4 *Logo des Nationalparks Sächsische Schweiz*

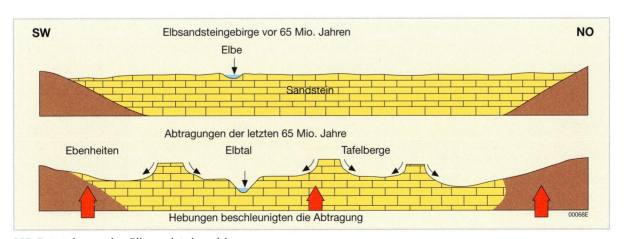

M5 *Entstehung des Elbsandsteingebirges*

Übung: Raumbeispiel Elbsandsteingebirge

Der deutsche Mittelgebirgsraum

INFO

Stauniederschlag

Als Stauniederschlag werden erhöhte Niederschlagsmengen bezeichnet, die durch den Anstieg von Luftmassen an einem Gebirge entstehen.

Wasserreichtum in Gebirgen

Bestimmt hast du schon in einem Wetterbericht gehört, dass es in einigen Gebieten regnet, in anderen nicht. Solche Unterschiede treten das ganze Jahr über auf. Die Niederschlagsmengen in Deutschland sind nicht gleichmäßig verteilt.

Im Harz fallen zum Beispiel viele Niederschläge. Doch auch hier gibt es Unterschiede (M4): Während im westlichen Teil des Harzes (Oberharz) jährlich ca. 1600 Liter Niederschlag pro Quadratmeter fallen, sind es im östlichen Teil (Unterharz) weniger als die Hälfte. Aber warum ist das so?

In Deutschland wehen häufig Winde aus westlicher oder nordwestlicher Richtung. Sie bringen feuchte Luft von der Nordsee oder vom Atlantik zu uns. Treffen solche Luftströmungen auf ein Gebirge, wird die Luft zum Aufsteigen gezwungen. Mit zunehmender Höhe kühlt sich die Luft immer weiter ab und kann nicht mehr so viel Wasserdampf, das ist gasförmiges Wasser, speichern. Deshalb wird der Dampf wieder zu kleinen Wassertröpfchen – er verflüssigt sich an Staubteilchen. Die Tröpfchen sind aber noch so klein und leicht, dass sie in der Luft schweben.

Allmählich sammeln sich in der Luft immer mehr Tröpfchen, die auch größer werden. Sie bilden am Berghang eine Wolke. Wenn die Tröpfchen zu schwer werden, fallen sie als Regen zur Erde. Derartige **Stauniederschläge** treten vor allem an der dem Wind zugewandten Seite eines Gebirges auf (Luv). Die Gebiete im Windschatten dagegen erhalten weniger Niederschlag (Lee).

M1 *Stauwolken am Brocken im Harz*

M2 *Niederschlagsarten*

M3 *Regenmesser*

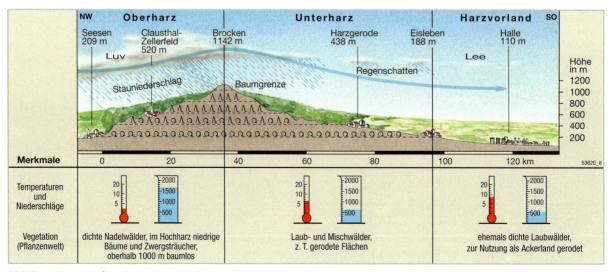

M4 *Der Harz – ein „Regenstauer"*

Der Wasserreichtum von Gebirgsregionen zeigt sich in der Vielzahl von Wasserquellen. Sie speisen die kleinen Bäche, die ein Gebirge durchqueren. Aber die meist harmlos erscheinenden Flüsschen können auch sehr gefährlich werden. Bei plötzlicher Schneeschmelze oder sehr viel Niederschlag schwellen sie schnell stark an und verwandeln sich in reißende Ströme. Solche Hochwasserereignisse können Straßen und Schienen zerstören, Autos wegspülen, Felder überschwemmen oder Häuser zerstören. Auch das Leben der Menschen ist dabei in Gefahr. Die Überschwemmungen entlang der Oder 1997 und das Neißehochwasser 2010 haben riesige Schäden verursacht. Die wohl größte Katastrophe aber war die „Jahrhundertflut" an der Elbe und deren Nebenflüssen 2002: Sie verursachte Schäden im Wert von 22,6 Mrd. Euro und kostete 21 Menschen das Leben.

M5 *Wasser – eine Gefahr*

INFO
Hochwasserkatastrophen in Sachsen (Auswahl)

1622	Hochwasser der Mulde
1841	Hochwasser in großen Teilen Sachsens durch Schneeschmelze
1862	große Flut an Zschopau, Mulde, Elbe
1931	Wolkenbrüche über Teilen des Erzgebirges
1932	Hochwasser an der Mulde
2002	(August) „Jahrhundertflut" der Elbe und ihrer Nebenflüsse
2006	(März, April) Hochwasser an Elbe und Mulde
2010	(August) schwere Überschwemmungen an Neiße und Spree

❶ Beschreibe die Entstehung von Wolken.

❷ Erkläre die Bewölkung und den Niederschlag in Luv und Lee von Gebirgen (M4).

❸ Begründe die vielen Stauseen im Harz.

❹ Nenne die Aufgaben von Talsperren (M6).

❺ Berechne die Länge der Fernwasserleitungen Harz–Bremen/Leipzig.

❻ Finde im Internet Ursachen von Hochwassern.

Mittelgebirge als „Wasserspeicher" – der Harz

Die ungleiche Verteilung der Niederschläge verursacht unterschiedliche Probleme in den betroffenen Regionen. Es besteht Hochwassergefahr in Wasserüberschussgebieten, und in Wassermangelgebieten gibt es Probleme mit der Wasserversorgung für Menschen, Landwirtschaft und Industrie. Viele Jahrhunderte konnten die Menschen diese Probleme nicht lösen. Erst im letzten Jahrhundert ermöglichte der technische Fortschritt den Bau von Staumauern und **Talsperren**. Gebirge bieten mit ihren Tälern günstige Voraussetzungen zum Bau von Talsperren und Anlegen von Stauseen. Bei Hochwasser dienen Talsperren als Sammelbecken für das viele Wasser und verhindern dadurch das unkontrollierte Abfließen. Aber auch der Wassermangel in einigen Regionen konnte durch Talsperren verringert werden. Über Rohrleitungen wird das Wasser zum Teil über sehr weite Strecken in diese Gebiete gebracht.

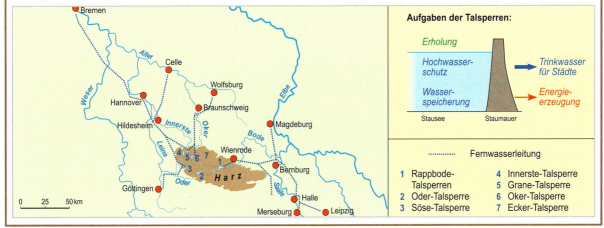

M6 *Der Harz – Trinkwasserquelle der Region*

M1 *Vom Menschen wenig beeinflusster Wald*

M2 *Holzerntemaschine in einem Forstwald*

Holz – ein wichtiger Rohstoff

Jeden Tag verwenden wir Schulhefte, Kopierpapier, Briefumschläge und lesen Zeitungen. Bei der Herstellung dieser Produkte werden große Holz- und Wassermengen verbraucht. Das Holz stammt zu Teilen aus unseren eigenen Wäldern. Aber auch aus anderen Ländern wird dieser Rohstoff eingeführt, um ihn dann weiterzuverarbeiten oder gleich zu nutzen.

Unsere **Forstwirtschaft**, das ist der Wirtschaftszweig, der das Holz produziert, den Wald pflegt und schützt, hat ein wichtiges Ziel: Es soll nur so viel Wald gerodet (= abgeholzt) werden, wie wieder nachwachsen kann. Dieses Ziel wird auch **Nachhaltigkeit** genannt. Auch unsere Kinder und Enkel sollen noch die gleichen natürlichen Bedingungen auf der Erde vorfinden wie wir heute. Dieses Ziel hatten die Menschen aber nicht immer. Es gab Zeiträume, in denen in Sachsen der Wald zu stark ausgebeutet wurde (M5). Um dies auszugleichen, pflanzte man Ende des 20. Jahrhunderts viele schnell wachsende Bäume einer Baumart (z. B. Kiefer). Diese konnten zwar schnell gefällt werden, aber viele Pflanzen wurden seltener. Heute wird meist nicht mehr so gewirtschaftet.

Auch jeder von uns kann durch das Sammeln von Altpapier und den Kauf von Produkten aus recyceltem (= wiederverwertetem) Papier zur Schonung des **Rohstoffes** Holz beitragen.

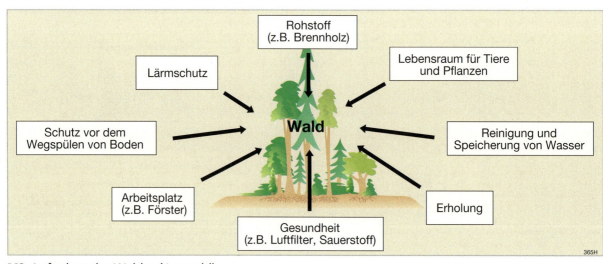

M3 *Aufgaben des Waldes (Auswahl)*

Die Begeisterung hielt sich in Grenzen, als es hieß, Abfahrt in den Wald um 7.30 Uhr. Wenn du aber Glück hast, kannst du in diesen Morgenstunden Tiere beobachten. Bei einem Jugendwaldeinsatz lernen Schülerinnen und Schüler die Arbeiten eines Forstwirtes kennen, so heißen die Arbeiter im Wald. Du lernst etwas über Pflanzen, die Pflege des Waldes sowie das Fällen der Bäume. Für viele Arbeiten gibt es deshalb unterschiedliche Werkzeuge (z.B. Spaten, Säge, Astschere) und Techniken, die erlernt werden müssen.

M4 *Etwas für den Wald tun – Jugendwaldeinsatz*

❶ Beschreibe die Aufgaben des Waldes (M3).

❷ Erläutere die Arbeitsschritte vom Baum im Wald bis zum Endprodukt (M6).

❸ Vergleiche die Holznutzung im Mittelalter, 1960–1985 und heute (M5).

❹ Finde Möglichkeiten, wie wir Holz noch nachhaltiger nutzen können.

❺ Plane einen Waldausflug. Zur Vorbereitung nutze das Internet und setze dich mit Forstwirten und -ämtern in deiner Umgebung in Verbindung (z.B. www.waldpädagogik.de).

vor dem Mittelalter: große Urwälder (oft Laubbäume)

Mittelalter: Abholzung und Nutzung des Holzes zur Herstellung von Holzkohle, Bergbau (z.B. Holzuntergund und Stützpfeiler in Stollen), Brennstoff (z.B. Glaserzeugung); Abholzung, um für die Landwirtschaft Anbauflächen zu gewinnen und Weidefläche für die Tiere

ab 1820: Beginn geregelter Forstwirtschaft, Wiederaufbau der ausgeplünderten Wälder

bis 1960: angepasste Waldwirtschaft, die die Natur wenig schädigt

1960 bis etwa 1985: Wälder wurden oft komplett gerodet; Neubepflanzung häufig mit Nadelwald

heute: Wald wird so genutzt, dass er sich immer wieder erholen kann; im Wald kommen jetzt viele Baumarten vor (z.B. Buche, Eiche, Fichte)

M5 *Entwicklung der Waldnutzung in Sachsen*

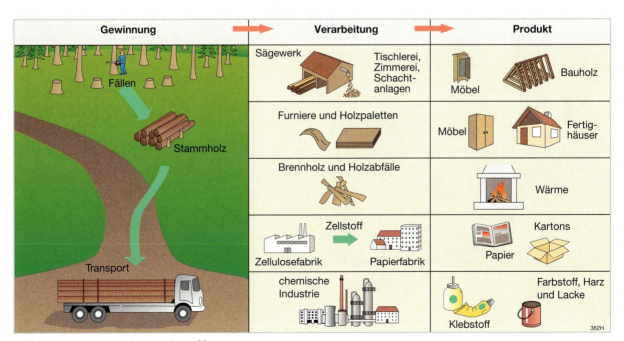

M6 *Holz – ein wichtiger Rohstoff*

Grundwissen / Übung

Gewusst – gekonnt: Der deutsche Mittelgebirgsraum

1	Rhön	11	Erzgebirge
2	Eifel	12	Spessart
3	Westerwald	13	Odenwald
4	Rothaargebirge	14	Pfälzerwald
5	Hunsrück	15	Schwarzwald
6	Taunus	16	Schwäbische Alb
7	Harz	17	Fränkische Alb
8	Thüringer Wald	18	Oberpfälzer Wald
9	Frankenwald	19	Böhmerwald
10	Fichtelgebirge	20	Bayerischer Wald

M1 *Der deutsche Mittelgebirgsraum*

1. Orientierung: Der Mittelgebirgsraum Deutschlands
Arbeite mit dem Atlas.
1. In M1 haben sich Fehler eingeschlichen. Zwei Mittelgebirge sind in der Legende nicht mit der richtigen Nummer zugeordnet. Finde die Fehler und schreibe die richtigen Zuordnungen in dein Heft.
2. Über welche Höhe gehen Mittelgebirge nicht hinaus? Überprüfe mithilfe des Atlas und des Buches deine Antwort.
3. a) Überprüfe mithilfe des Atlas die Lage jedes Mittelgebirges. Auf dem Gebiet welcher Bundesländer befinden sie sich?
   b) Notiere dir jeweils den höchsten Berg des Mittelgebirges.
4. Nenne fünf große Flüsse im deutschen Mittelgebirgsraum.
5. Erstelle eine Liste von fünf bedeutenden Talsperren in Deutschland (Atlas, Internet).

2. Holz – haben wir immer genug davon?
1. Erstellt eine Liste mit allen Gegenständen, die im Klassenraum aus Holz sind.
2. Sammelt in der Klasse Ideen: Was müssen wir tun, damit die Menschen in 20 Jahren auch noch genügend Holz haben?
3. Überlegt, warum die Menschen in 20 Jahren vielleicht weniger Holz brauchen.

3. Figurenrätsel
Die Abbildung zeigt die Umrisse von fünf Mittelgebirgen. Um welche Gebirge handelt es sich?

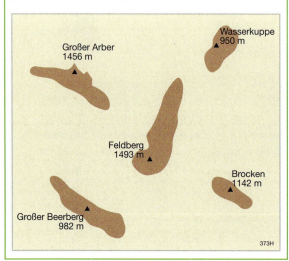

4. Fachbegriffe des Kapitels
Erkläre fünf der Fachbegriffe.

Mittelgebirge	Ablagerung
Hochgebirge	Tal
magmatisches Gestein	Klamm
metamorphes Gestein	Kerbtal
Sedimentgestein	Sohlental
Sandstein	Muldental
Granit	Mäander
Basalt	Delta
Gneis	Nationalpark
Magma	Stauniederschlag
Lava	Hochwasser
Verwitterung	Talsperre
Abtragung	Forstwirtschaft
Transport	Nachhaltigkeit

Lernen nach Farben!
Hier am Ende des Kapitels findest du Aufgaben zum Grundwissen und den Fallbeispielen (blau umrandet), zu den Methoden (gelb umrandet), zum Orientierungswissen (grün umrandet) und zum Informationsaustausch (rot umrandet). Du kannst nun selbst dein Wissen und deine Fertigkeiten überprüfen.

5. Talformen
1. Beschreibe die Täler (A–C).
2. Benenne die Talformen.

6. Der „Weg" eines Gesteins
„Hallo Kinder. Mein Name ist Willi Basalt. Beim Aufräumen habe ich leider die Puzzleteile auf der rechten Seite vertauscht. Bitte helft mir, sie wieder zu ordnen. Wenn ihr die Teile in der richtigen Reihenfolge anordnet, ergeben die Buchstaben ein Lösungswort."

Steine müssen zuerst zerkleinert werden, …	… Erosion.	E
Gesteine werden zerkleinert durch …	… wird es wieder verfestigt.	N
Gesteine verwittern z. B. durch …	… Verwitterung.	E
Nach der Verwitterung …	… Frost- oder Wurzelsprengung.	S
Den Vorgang der Abtragung nennt man auch …	… tragen z. B. Wasser, Wind und Eis das Material ab und transportieren es ab.	T
Wenn nicht mehr genügend Transportkraft vorhanden ist, …	… wird das Gesteinsmaterial abgelagert.	I
Wenn das zerkleinerte Material in die Tiefe gelangt, …	… weil sie sonst schwer zu transportieren sind.	G

Übung

Exkursion im Heimatraum

„Man sieht nur, was man weiß."

Im Fach Geographie kannst du im Klassenzimmer vieles aus Büchern und Karten lernen. Höhepunkte sind aber die direkten Erfahrungen vor Ort. Diese kannst du auf den Exkursionen sammeln.
Um aber eine Exkursion erfolgreich durchzuführen, brauchst du verschiedene Fähigkeiten. Einige von ihnen werden dir auf den folgenden Seiten anhand dreier Beispiele vermittelt.

Exkursionsausflug an einen Fluss

M1 *Birks Kartenskizze vom Klassenausflug um Pobershau (nahe Marienberg) im Erzgebirge*

M2 *Im Molchner Stolln*

M3 *Lebensrettertraining am Katzenstein*

Wir skizzieren einen Klassenausflug

Von einem Klassenausflug hat Birk eine Skizze erstellt, die zu einer Mischung aus Bild und Karte geworden ist (M1). Die einzelnen Bildelemente (Symbole) zeigen dir, was Birk auf seinem Ausflug erlebt und gesehen hat.

Vier Schritte zur Anfertigung einer Kartenskizze

1. Wander- bzw. Freizeitkarte beschaffen
Besorge dir aus der Bibliothek oder einem Buchladen eine Karte eures Exkursionsgebietes.

2. Route abzeichnen
Lege Transparentpapier auf die Karte und übertrage die Exkursionsroute als farbige Linie.

3. Besichtigungspunkte einzeichnen
Zeichne an die richtige Stelle in der Skizze die Besichtigungspunkte der Exkursion ein.

4. Kartenskizze farbig gestalten
Ergänze Vegetationssymbole (z. B. Wald, Wiese ...) und markante Punkte (z. B. Berg, Gebäude ...).

Projekt: Exkursion im Heimatraum

M4 *Freizeitkarte von Pobershau im Erzgebirge und Umgebung*

❶ a) Vergleiche die Skizze (M1) mit der Karte (M4).
b) Nenne Elemente der Skizze, die du in der Karte wiederfindest.

❷ Erstelle eine Liste, in der du die Freizeitmöglichkeiten, die es in dem Dorf für die Schüler gibt, einträgst (M1, M4).

❸ Ermittle anhand M4 folgende Entfernungen:

a) vom Molchner Stolln zum Katzenstein;
b) vom Katzenstein am Fluss entlang zur Schwarzbeerschenke;
c) von der Schwarzbeerschenke zum Molchner Stolln.

❹ Plane zusammen mit einem Klassenkameraden ein Programm für einen Tag in Pobershau:

a) Nenne Sehenswürdigkeiten, die ihr euch anschauen könntet.
b) Berechne, an welchen Stellen ihr eine Pause einlegt. Bedenke: Ein Wanderer läuft durchschnittlich vier Kilometer pro Stunde.
b) Zeichnet eine Karte, in der ihr eure Route kennzeichnet. Begründet vor der Klasse euren Vorschlag.
c) Überlegt euch Fragen, die ihr einem Arbeiter im Schnitzerhandwerk stellen könntet (M6).

M5 *Pause an der Schwarzen Pockau*

M6 *Schnitzerhandwerk in Pobershau*

Projekt: Exkursion im Heimatraum

Wir erkunden unseren Stadtteil

Auf der Stadtexkursion sollst du deinen eigenen Wohn- oder Schulort oder deinen Stadtteil näher unter die Lupe nehmen. Wenn ihr euch dazu in der Klasse in Gruppen aufteilt, könnt ihr eure Ergebnisse hinterher vergleichen.

In der Gruppe müsst ihr zuerst festlegen, worauf ihr achten und wie ihr vorgehen wollt (siehe Seite 151). Möglichkeiten, eure Stadt zu erkunden, sind z. B. die Fotosafari (Info 1) oder eine Nutzungskartierung (Info 2).

INFO 1

Fotosafari

Unternehmt eine Fotosafari. Fotografiert dazu vor allem das Typische eures Erkundungsgebietes, z. B. Wohngebäude, die einen Stadtteil kennzeichnen. So werden die Merkmale des Raumes deutlich. Die Lage der fotografierten Gebäude kann in eine Stadtplankopie eingetragen werden.

Ihr könnt eure Fotos auch zu einer reinen Bilderausstellung (ohne Text) auf einer Wandzeitung anordnen (anders als auf S. 151 „Präsentation").

Bereitet anschließend eine Führung durch eure Fotoausstellung vor: Wie bei einer Führung durch ein Museum erläutert ihr, was auf den Bildern zu sehen ist und warum ihr gerade dieses Foto zur Ausstellung ausgesucht habt. Ein Tipp: Notiert das, was ihr zu einzelnen Fotos oder Themen sagen wollt, jeweils auf Karten, die ihr bei eurer Führung zur Hand habt. Dann vergesst ihr nichts Wichtiges.

INFO 2

Einkaufsstraße in einer City

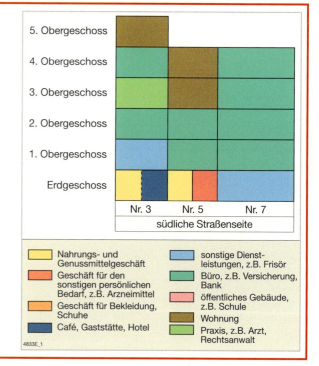

Die Nutzung der Häuser in der City

Oft werden alle Stockwerke als Geschäftsraum genutzt, manchmal dienen die oberen Stockwerke als Lager. Von außen ist die Nutzung oft nicht erkennbar. Dann kann man die Klingelschilder oder die Fenstergestaltung zurate ziehen oder man fragt nach.

Projekt: Exkursion im Heimatraum

So geht ihr vor:

- Legt fest, welchen Stadtteil ihr erkunden wollt.
- Besorgt euch einen Stadtplan oder eine andere Karte des Erkundungsgebietes und fertigt eine Kopie an.
- Tragt zusammen, was ihr von eurem Stadtteil bereits wisst und was ihr bei eurer Erkundung erwartet.
- Überlegt, wie ihr eure Erkundungsergebnisse später euren Mitschülerinnen und Mitschülern vorstellen wollt.
- Listet auf, worauf ihr bei der Erkundung besonders achten wollt.
- Wenn ihr Anwohner befragen wollt, dann bereitet die Befragung vor.
- Sprecht genau ab, was jedes Gruppenmitglied tun soll.
- Überlegt euch, welche Arbeitsmittel ihr sinnvoll einsetzen könnt (Schreibblock, Kugelschreiber, Buntstifte, Schreibunterlage, Fotoapparat usw.).

1. Schritt: Vorbereitung

2. Schritt: Durchführung

- Was hattet ihr erwartet, was habt ihr nicht erwartet?
- Was habt ihr vorher schon gewusst, was ist völlig neu?
- Besprecht eure Ergebnisse und Erfahrungen untereinander.
- Vergleicht eure Ergebnisse mit dem, was ihr im Unterricht über Stadtteile gelernt habt.

3. Schritt: Ergebnisauswertung

Präsentiert eure Ergebnisse den anderen Schülerinnen und Schülern. Erstellt dazu eine Wandzeitung. Diese soll so gestaltet sein, dass sie interessant und lesenswert wirkt:
- Gliedert den Text deutlich mit Zwischenüberschriften.
- Nutzt unterschiedliche Farben.
- Fügt Fotos, Karten, Zeichnungen und Tabellen ein.

4. Schritt: Präsentation

Projekt: Exkursion im Heimatraum

M1 *Erkundung eines Baches*

Wir untersuchen einen Fluss / Bach

Wasser ist für alle Lewesen auf unserer Erde lebensnotwendig. Wie du schon im Schulbuch erfahren hast, spielt Wasser aber auch eine entscheidende Rolle für die Gestaltung unserer Erdoberfläche (siehe Seite 134–137).

Bei einer Exkursion könnt ihr Flüsse genauer untersuchen. Hierzu bestimmt ihr zum Beispiel den Flussquerschnitt (M2, M3), die Fließgeschwindigkeit (M4) und die Wassertemperatur (M5). Führt eure Messungen an unterschiedlichen Stellen im Fluss durch und vergleicht diese miteinander.

Zusätzlich könnt ihr Pflanzen und Tiere untersuchen. Ein Käscher hilft euch dabei (M1). Beschreibt in eurem Exkursionsheft die Pflanzen und Tiere. Vermerkt euch auch, an welcher Stelle im oder am Fluss ihr diese gefunden habt.

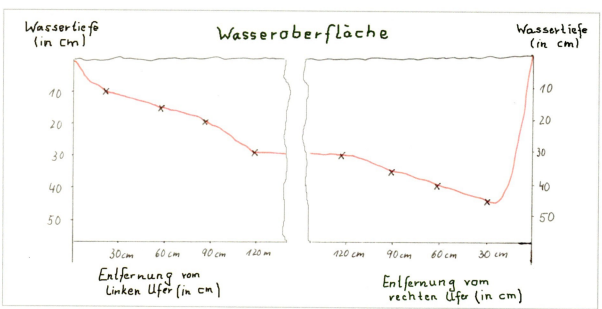

M2 *Messpunkteprofil eines Bachquerschnitts*

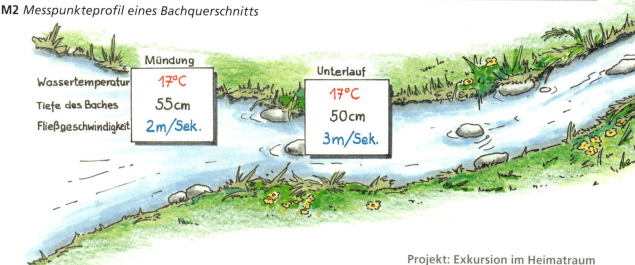

Projekt: Exkursion im Heimatraum

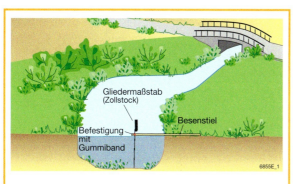

Materialien: Besenstiel, Gummiband, Lappen, Schreibmaterial, Gummistiefel, Zollstock

Durchführung: Zur Ermittlung der Wassertiefe befestige im rechten Winkel am Ende des Besenstiels den Zollstock und miss die Wassertiefe in 30, 60, 90 und 120 cm Entfernung vom Ufer. Zur Vereinfachung solltest du im 30-Zentimeter-Abstand Striche auf dem Besenstiel ziehen. Nach jeder Messung wird der Zollstock trocken gewischt.

Auswertung: 1. Übernimm die Ergebnisse in eine Tabelle in deinem Schulheft.

Wassertiefe				
	30 cm	60 cm	90 cm	120 cm
linkes Ufer	...	...	...	...
rechtes Ufer	...	...	...	...

2. Übertrage deine Werte in ein Messpunkteprofil (M3).

M3 *Flussquerschnitt bestimmen*

Materialien: Maßband (20m), Stoppuhr, Sägespäne/Korken, Schreibmaterial, Markierungsstöcke

Durchführung: Zur Ermittlung der Fließgeschwindigkeit miss am Ufer eine Strecke von 20 m ab. Einer von euch steht am Ende der Strecke mit der Stoppuhr. Auf sein Kommando werden ein paar Sägespäne oder ein Korken in das Wasser getan – beim Passieren der Ziellinie wird die Zeit gemessen und in eine Tabelle eingetragen. Wiederhole die Messung an einer Stelle dreimal. Untersuche die Fließgeschwindigkeit am Ufer und in der Flussmitte.

Auswertung: Übernimm die Ergebnisse in eine Tabelle in deinem Schulheft.

Fließgeschwindigkeit		
Messung	Zeit (Mitte)	Zeit (Ufer)
1	...	...
...	...	...

Berechnung der Fließgeschwindigkeit (Beispiel):
20 m in 10 Sekunden = 2 m pro Sekunde
(60 Sekunden sind eine Minute)
60 Sekunden x 2 m = 120 m je Minute
(60 Minuten sind eine Stunde)
60 Minuten x 120 m = 7200 m je Stunde
= 7,2 km pro Stunde

M4 *Fließgeschwindigkeit bestimmen*

M5 *Messwerte an einem Bachlauf*

Projekt: Exkursion im Heimatraum

Die unterschiedlichen Aufgabenstellungen in deinem Geographiebuch

Nennen und **benennen** bedeutet, etwas ohne Erklärung aufzuzählen.

Wiedergeben und **zusammenfassen** bedeutet, etwas zu wiederholen.

Darstellen / darlegen bedeutet, eine Sache genau und mit den richtigen Worten wiederzugeben.

Beschreiben bedeutet, etwas mithilfe der Materialien darzulegen.

Zeichnen / berechnen / befragen / beobachten / messen / erstellen usw. bedeutet, genau diese Arbeitsanweisungen auszuführen.

Räumlich einordnen bedeutet, die Lage eines Ortes in einem Raum festzustellen.

Sich informieren bedeutet, bisher Unbekanntes zu entdecken.

Ordnen / einordnen / zuordnen bedeutet, Informationen zusammenzustellen und in einen Zusammenhang zu bringen.

Charakterisieren bedeutet, Sachverhalte in ihren typischen Merkmalen zu beschreiben.

Erklären bedeutet, etwas, über das du schon Kenntnisse besitzt, zu beschreiben. Es sollen Zusammenhänge klar werden, z. B. der Zusammenhang von Boden und landwirtschaftlichem Produkt.

Erläutern bedeutet, etwas so darzustellen, dass Bedingungen und Ursachen verständlich werden. So kannst du z. B. die Entscheidung eines Unternehmens für eine Fabrik in Deutschland erläutern.

Vergleichen bedeutet, zwei verschiedene Dinge gegenüberzustellen und dabei Unterschiede und Gemeinsamkeiten zu erkennen.

Begründen bedeutet, die oft gestellte Frage „Warum ist das so?" zu beantworten.

Beurteilen bedeutet, etwas zu überprüfen, ohne seine Meinung dazu zu äußern.

Bewerten bedeutet, etwas zu beurteilen und danach seine Meinung zu äußern.

Überprüfen heißt, verschiedene Ansichten zu vergleichen und deren Richtigkeit abzuwägen.

Ausgewählte Arbeitsmethoden – kurz und knapp

 Tabellen auswerten (S. 110–111)

Tabellenkopf	
Zeile	
S p a l t e	

Schritt für Schritt: sich einen Überblick verschaffen, beschreiben, erklären.

1. Wie ist das Thema der Tabelle?
   (→ Abbildungsunterschrift, Tabellenkopf)
2. Auf welchen Zeitraum beziehen sich die Aussagen (z. B. ein Jahr oder mehrere Jahre)? Lassen sich Entwicklungen ablesen?
3. Welches sind die Extremwerte? Wie ist die Verteilung der anderen Zahlen zwischen den Extremwerten?
4. Kann man die einzelnen Zahlen vergleichen? In welchem Verhältnis stehen die Werte zueinander?
5. Gibt es Zusammenhänge zwischen den Zahlen der einzelnen Spalten?
6. Wie ist die Gesamtaussage der Tabelle?

Mit Karten und dem Atlas arbeiten (S. 18–21 und 38–43)

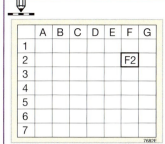

Im Atlas unterscheidet man physische und thematische Karten.
Physische Karten zeigen vor allem die Lage von Orten, den Verlauf von Flüssen und Grenzen sowie Höhen und Tiefen.
Thematische Karten enthalten Angaben zu einem bestimmten Thema. Jede Karte hat bestimmte *Signaturen* und einen *Maßstab* (1: 1 000 000: 1 cm auf der Karte ≙ 1 000 000 cm in der Natur ≙ 10 km).
Orte findet man mithilfe von *Register* und *Planquadraten*.

Thematische Karten auswerten (S. 70–71)

Willst du eine Karte lesen, musst du folgende Fragen an sie stellen:

1. Wie ist das Thema der Karte? (→ Abbildungsunterschrift)
2. Welches Gebiet wird dargestellt?
3. Wie groß ist das dargestellte Gebiet? (→ Maßstab, Maßstabsleiste)
4. Was bedeuten die eingetragenen Signaturen? (→ Legende)
5. Wie ist der Karteninhalt? – Sind die Signaturen über die Karte verstreut oder an einigen Punkten konzentriert?
6. Gibt es Zusammenhänge zwischen den Aussagen, die du bei der Beschreibung des Karteninhalts gemacht hast?

Bilder beschreiben und auswerten (S. 26–27)

Folgende Fragen sollte man stellen:

1. Was? Wo? Wann?
   Welchen Ort/Landschaft zeigt das Bild?
   Wo und wann wurde es aufgenommen?
   Wo liegt der Ort/die Landschaft? (→ Atlas)
2. Welche Einzelheiten kann man erkennen?
3. Was ist die wichtigste Aussage des Bildes?
4. Wie kann man das auf dem Bild Dargestellte erklären? Wenn du alle Einzelheiten im Zusammenhang betrachtest, was kannst du über den abgebildeten Ort/die Landschaft sagen?

Diagramme zeichnen und auswerten (S. 122–123)

Wir unterscheiden Säulendiagramme, Balkendiagramme und Liniendiagramme.

- *Diagramme lesen*:
1. Zu welchem Thema werden Aussagen gemacht?
2. Wie sind die einzelnen Werte verteilt? (Extremwerte, Verteilung der anderen Werte)
3. Wie ist die Gesamtaussage des Diagramms?

- *Diagramme zeichnen – Beachte*:
1. Zwei Achsen bilden ein Achsenkreuz, genau im rechten Winkel.
2. Die Achse, auf der die Werte eingetragen werden, sollte bei null beginnen. Sie sollte über den höchsten Wert hinausreichen, damit man auch diesen Wert gut ablesen kann.
3. Bei Diagrammen, die eine Entwicklung aufzeigen, müssen die Abstände zwischen gleich langen Zeitabständen auch gleich groß sein.
4. Die Über- oder Unterschrift gibt das Thema eines Diagramms an.

Fachtexte themenbezogen auswerten (S. 17)

Texte wertest du in fünf Schritten aus:

1. Lies den Text aufmerksam durch. Schlage unbekannte Wörter nach.
2. Gliedere den Text und formuliere Zwischenüberschriften.
3. Schreibe aus jedem Abschnitt die wichtigsten Begriffe, die Schlüsselwörter, heraus.
4. Fasse den Text in vollständigen Sätzen zu einer Inhaltsangabe zusammen.
5. Überlege, welche Absichten der Verfasser dieses Textes verfolgt.

Geo-Lexikon

Abraum (Seite 96)
Gesteins- oder Erdmassen, die abgetragen werden müssen, um Bodenschätze abbauen zu können. Der Abraum kann meist nicht sinnvoll verwendet werden.

Alpen (Seite 32)
Bezeichnung für das größte und höchste Gebirge in Europa (Montblanc 4807 m)

Alpenvorland (Seite 32)
Zwischen der Donau und den Alpen gelegenes Hügelland. Sein Landschaftsbild wurde vorwiegend in den verschiedenen → Eiszeiten geprägt.

Äquator (Seite 14, 16)
Der Äquator ist eine gedachte Linie um den → Globus. Er ist der längste Breitenkreis im → Gradnetz, der die Erde in zwei Hälften teilt: die → Nord- und die → Südhalbkugel. Der Äquator ist etwa 40 000 km lang.

Atlas (Seite 18)
Kartensammlung mit → physischen Karten und → thematischen Karten sowie einem → Register

Ausgleichsküste (Seite 57)
eine → buchtenarme, geradlinige Küste, die durch parallel zur Küste stattfindende Sandverlagerung entsteht

Balkendiagramm (Seite 122)
zeichnerische Darstellung von Zahlen; diese werden dabei als waagerecht liegende Balken dargestellt

Ballungsgebiet (Seite 116)
Ein Ballungsgebiet ist ein Raum, in dem besonders viele Menschen auf engem Raum leben. Hier gibt es viele Arbeitsplätze und ein gut ausgebautes Verkehrsnetz.

Binnenmeer (Seite 54)
Meer, das fast vollständig von Festland umgeben ist und nur einen schmalen Zugang zum offenen Ozean hat (z.B. Ostsee)

Binnenschifffahrt (Seite 84)
Binnenschiffe transportieren Güter und Personen ausschließlich auf Kanälen oder Flüssen, also nicht auf dem Meer.

Bio-Landbau (Seite 86)
Art der Landwirtschaft, bei der auf die Verwendung von Mineraldünger und chemischen Pflanzenschutzmitteln zur Bekämpfung von Schädlingen verzichtet wird und eine artgerechte Tierhaltung erfolgt

Bodden (Seite 55)
flache → Buchten mit unregelmäßigem Grundriss

Boden (Seite 88)
Der Boden ist eine wichtige Voraussetzung für den Anbau in einem landwirtschaftlichen Betrieb. Fruchtbarer Boden verspricht gute Erträge.

Börde (Seite 32, 86, 88)
Mit → Löss bedeckte Landschaft, in der die fruchtbarsten → Böden Deutschlands zu finden sind (z. B. Magdeburger Börde). Hier wachsen Zuckerrüben und Weizen gut.

Braunkohle (Seite 94)
Der Name dieser Kohle stammt von ihrer Farbe ab. Die Braunkohle liegt in Deutschland nahe der Erdoberfläche. Daher kann sie im → Tagebau abgebaut werden. Die Braunkohle ist ein → Energieträger.

Bucht (Seite 56)
zurückspringender Küstentyp an Seen und Meeren, wobei das Wasser teilweise vom Land umschlossen ist

Container (Seite 68)
Großer, geschlossener Metallkasten, dessen Maße (Länge, Breite, Höhe) genormt sind. Container werden u. a. in der Schifffahrt zum Transport von → Stückgut benutzt.

Deich (Seite 64)
künstlich aufgeschütteter Damm an Meeresküsten oder Flussufern zum Schutz vor Überflutungen

Delta (Seite 137)
fächerförmige Flussmündung

Dienstleistung (Seite 112)
Zum Dienstleistungsbereich zählen Betriebe und Einrichtungen, die ihren Kunden bestimmte Dienste anbieten, so z. B. eine Arztpraxis, eine Bank, ein Kaufhaus, eine Versicherung oder eine Universität.

Dorf (Seite 92)
kleiner Ort, dessen Bewohner früher vor allem von der Landwirtschaft lebten und heute oft → Pendler sind

Düne (Seite 56)
Eine Düne ist eine Sandablagerung. Sie wird durch Wind aufgeschüttet. Dünen gibt es vor allem an Küsten (z. B. auch auf den Nordseeinseln) und in Wüsten (z. B. in der Sahara in Nordafrika). Bei einer Düne ist die dem Wind zugewandte Seite flacher, die windabgewandte Seite steiler.

Düngung (Seite 88)
Bei der Düngung werden dem → Boden von außen Nährstoffe zugefügt. Es gibt Mineraldünger der chemischen Industrie und Naturdünger, z. B. Gülle, Mist, Kompost.

Ebbe (Seite 55, 60)
→ Gezeiten

Eiszeit (Seite 88)
Zeitspanne in der Erdgeschichte, in der es durch weltweiten Rückgang der Temperaturen zum Vorrücken von großflächigen, dicken Eiszungen kam. Die letzte Eiszeit endete in Norddeutschland um 10000 v. Chr.

Energieträger (Seite 97)
→ Rohstoff, der Energie in sich speichert, z. B. Kohle, Erdöl, Erdgas. Durch Verbrennen wird Wärme erzeugt, mit deren Hilfe man Strom gewinnen, heizen oder Auto fahren kann.

Erosion (Abtragung) (Seite 134)
Abtragung von Boden und/oder Gestein, die durch Fließgewässer, Meer, Eis oder Wind verursacht wird

Europäische Union (EU) (Seite 34)
Staatenbündnis von 27 europäischen Mitgliedsländern, die sehr eng wirtschaftlich und politisch zusammenarbeiten

Flachküste (Seite 56)
flacher Küstenabschnitt mit einem Sand- oder Kieselstrand

Flöz (Seite 119, 120)
abbauwürdige Schicht von Kohle

Fluss (Seite 136)
Mittelgroßes fließendes Gewässer. Kleinere fließende Gewässer werden als Bäche bezeichnet, größere als Ströme.

Flut (Seite 55, 60)
→ Gezeiten

Förde (Seite 55)
meist schlauchartig, lang gestreckte Meeresbucht (→ Bucht)

Forstwirtschaft (Seite 142)
planmäßige, pflegerische Bewirtschaftung des Waldes

Fruchtwechsel (Seite 88)
eine mehrjährige Abfolge unterschiedlicher Anbaufrüchte auf demselben Feld, um den → Boden nicht einseitig zu beanspruchen

Galaxie (Seite 10)
Ansammlung von mehreren Milliarden von Sternen mit deren Planeten

Generalisierung (Seite 42)
Auf einer → Karte werden viele Einzelheiten zu einer Farbe oder einer → Signatur zusammengefasst. Unwichtiges wird weggelassen.

Gezeiten (Seite 60)
Das regelmäßige Heben und Senken des Meeresspiegels an der Küste. Das Ansteigen des Wassers wird als Flut, das Sinken als Ebbe bezeichnet.

Gestein (Seite 130)
Natürliche Bildungen, die aus Mineralien, Bruchstücken von Mineralien oder Gesteinen, Organismenbestandteilen u. Ä. aufgebaut werden. Je nach ihrer Entstehung unterscheidet man → magmatische, → Sediment- und → metamorphe Gesteine.

Globus (Seite 14)
verkleinertes Modell der Erde

Gradnetz (Seite 16)
Darstellungen der Erde sind mit einem Netz von Linien überzogen. Sie verlaufen von Norden nach Süden und von Westen nach Osten. Dieses Gradnetz dient der Ortsbestimmung auf der Erde.

Großsiedlung (Seite 104)
Planmäßig errichtete große Wohnsiedlung im Randbereich von größeren Städten. Meist überwiegt die Hochhausbebauung.

Grunddaseinsfunktion (Seite 106)
In einer Gemeinschaft zu leben, zu wohnen, zu arbeiten, sich zu versorgen, sich zu bilden und das Freizeitverhalten gehören zu den Grunddaseinsfunktionen. Kommunikation und Verkehr ermöglichen die Grunddaseinsfunktionen.

Gründüngung (Seite 88)
Anbau von stickstoffhaltigen Pflanzen (z. B. Klee, Luzerne), die dann untergepflügt werden, um als Naturdünger zu dienen.

Halbinsel (Seite 54)
im Gegensatz zur → Insel nur teilweise vom Wasser umgebenes Stück Land

Hallig (Seite 64, 65)
Halligen sind kleine → Inseln im → Wattenmeer vor Schleswig-Holstein. Sie sind Reste des alten Festlandes, das von → Sturmfluten zerrissen wurde. Halligen sind ein natürlicher Küstenschutz.

Heizwert (Seite 95)
Der Heizwert ist die Wärmemenge, die bei der Verbrennung von Kohle, Erdöl, Erdgas oder Holz abgegeben wird.

Hightechindustrie (Seite 115)
Hightech ist die englische Abkürzung für „Hochtechnologie". Hightechprodukte erfordern einen besonders hohen wissenschaftlichen und finanziellen Entwicklungsaufwand. Der Industriezweig, der Hightech produziert, ist die Hightechindustrie.

Hochgebirge (Seite 32)
Hochgebirge haben hohe Felswände, steil aufragende Gipfel (in den deutschen Alpen: Zugspitze 2962 m) und tief eingeschnittene Täler. Auf den höchsten Erhebungen liegen Eis und Schnee. (→ Mittelgebirge)

Hochseefischerei (Seite 66)
Fischfang mit modernen Fang- und Verarbeitungsschiffen auf dem offenen Meer (Ozean). Im Unterschied zu den → Küstenfischern sind die Hochseefischer oft wochenlang unterwegs.

Höhenlinie (Seite 40)
Höhenlinien sind auf → Karten verzeichnet und verbinden die Punkte, die in gleicher Höhe liegen. Eng zusammenliegende Höhenlinien verdeutlichen, dass das Gelände steil ist. Weit auseinanderliegende Höhenlinien zeigen an, dass das Gelände flach ist.

Höhenschicht (Seite 40)
Wenn man die Flächen zwischen den → Höhenlinien auf Karten farbig ausmalt, erhält man Höhenschichten.

Inkohlung (Seite 94)
die Umbildung von Pflanzen zu Torf, Braunkohle und schließlich Steinkohle unter Luftabschluss, unter hoher Temperatur und hohem Druck

Insel (Seite 54)
ein allseitig vom Wasser umgebenes Stück Land, das entweder im Meer oder in einem See liegen kann

Intensivlandwirtschaft (Seite 86)
landwirtschaftliche Produktion mit hohem Einsatz an Technik, Dünge- und Pflanzenschutzmitteln

Kanal (Seite 84)
Ein Kanal ist ein künstlicher Wasserlauf, der meist als Schifffahrtsweg dient.

Karte (Seite 38)
Eine Karte zeigt verkleinert die Erde oder einen Teil von ihr. Das Gebiet ist hierbei senkrecht von oben abgebildet. Die Inhalte sind stark vereinfacht und mit verschiedenen Farben und → Signaturen dargestellt. Im → Atlas unterscheiden wir → physische Karten und → thematische Karten.

Kliff (Seite 56)
steiler Küstenabschnitt, der durch die Brandung des Meeres geformt wird

Kompass (Seite 16)
Ein Kompass ist ein Gerät zur Bestimmung der Himmelsrichtungen. Er enthält eine längliche Nadel, die nach Norden in Richtung Nordpol zeigt. Unter der Kompassnadel ist eine Windrose. Mit ihrer Hilfe kann man die übrigen Himmelsrichtungen bestimmen.

Küstenfischerei (Seite 66)
Bei der Küstenfischerei sind die Schiffe einen Tag bis zwei Wochen unterwegs. Sie beschränkt sich auf das Fischen in Küstennähe.

Landrücken (Seite 82)
lang gestreckte, flache Erhebung, die oft in eiszeitlich geprägten Gebieten vorkommt

Lava (Seite 130)
Das an die Erdoberfläche tretende → Magma wird als Lava bezeichnet.

Legende (Seite 38)
Erläuterung der auf → Karten verwendeten Farben und → Signaturen.

Liniendiagramm (Seite 122)
(auch Kurvendiagramm genannt) zeichnerische Darstellung von Zahlen; diese werden dabei mit einer Linie verbunden

Löss (Seite 88)
Windanwehung von fein zerriebenem Gesteinsmehl in der → Eiszeit. Der daraus entstandene Lössboden ist besonders fruchtbar, meist tiefgründig, locker und kann schwammartig Wasser speichern.

Luftbild (Seite 38)
Ein Luftbild wurde aus der Luft fotografiert. Es zeigt Teile einer Landschaft oder einer Stadt im Überblick.
Ein Schrägluftbild zeigt die Landschaft von schräg oben. Ein Senkrechtluftbild zeigt die Landschaft senkrecht von oben.

Mäander (Seite 137)
Fluss- oder Talschlingen in „Schlangenlinien", die vor allem im Unterlauf eines Flusses auftreten

Magma (Seite 130)
heiße Gesteinsschmelze im Erdinneren

magmatisches Gestein (Seite 130)
Gesteine, die durch Erstarrung von → Lava bzw. → Magma an der Erdoberfläche bzw. im Erdinneren entstehen

Massengut (Seite 68)
Massengüter sind z. B. Kohle, Getreide. Es sind Güter, die in großen Mengen und ohne besondere Verpackung befördert werden.

Maßstab (Seite 42)
Größenverhältnis einer Darstellung zur Wirklichkeit (z. B. → Karte zur Wirklichkeit 1:100 000, d. h., 1 cm auf der Karte 1000 m in der Wirklichkeit)

Maßstabsleiste (Seite 42)
Mit der Maßstabsleiste kann man Entfernungen zwischen zwei Punkten auf der → Karte direkt abmessen.

metamorphes Gestein (Seite 130)
aus → Sedimentgesteinen oder → magmatischen Gesteinen unter hohem Druck und hoher Temperatur innerhalb der Erdkruste entstandene Gesteine

Meter über dem Meeresspiegel (Seite 41)
Höhenmessung vom Meeresspiegel aus

Mittelgebirgsraum (Seite 32, 128)
In den Mittelgebirgen Deutschlands sind die höchsten Berge in der Regel nicht höher als 1500 Meter. Steile Gipfel und hohe Felswände gibt es kaum. Die Berge sind abgerundet und häufig bewaldet. Beispiele sind: Eifel, Erzgebirge, Schwarzwald, Thüringer Wald, Harz. (→ Hochgebirge)

Modell (Seite 106)
vereinfachte, allgemeingültige Darstellung eines Sachverhaltes

Mond (Seite 10)
Himmelskörper, der einen Planeten auf seiner eigenen Bahn begleitet

Nachhaltigkeit (Seite 142)
Der Begriff meint: Es wird so gewirtschaftet, dass später lebende Menschen noch die gleichen Möglichkeiten zum Leben haben wie wir heute.

Nationalpark (Seite 72, 138)
Nationalparks sind große Gebiete mit besonders schönen oder seltenen Naturlandschaften. Es gelten Schutzbestimmungen, um die hier lebenden Tiere und Pflanzen in ihren Lebensräumen zu erhalten.

Netzplan (Seite 49)
Netzpläne geben einen Überblick über die Linien der öffentlichen Verkehrsmittel einer Stadt.

Niederung (Seite 82)
am tiefsten liegende Gebiete des → Tieflandes

Norddeutsches Tiefland (Seite 32, 82)
→ Tiefland

Nordhalbkugel (Seite 12, 16)
Die Nordhalbkugel ist der Teil der Erde, der nördlich des → Äquators liegt.

Oase (Seite 23)
Siedlung in der Wüste mit ausreichender Wasserversorgung

Pendler (Seite 109)
Berufstätiger, der den Arbeitsplatz nicht an seinem Wohnort hat und täglich zwischen Wohn- und Arbeitsort hin- und herfährt. Es gibt auch Bildungs- und Einkaufspendler.

physische Karte (Seite 40)
Die physische → Karte ist ein wichtiges Hilfsmittel, um sich zu orientieren. Sie enthält u. a. Landhöhen (Farbgebung in Grün, Gelb und Braun), Oberflächenformen, Höhenangaben, Gewässer, Orte, Verkehrslinien, Grenzen sowie Einzelzeichen (Berg, Stausee, Kirche). (→ thematische Karte)

Planet (Seite 10)
Himmelskörper, der sich auf einer Umlaufbahn um die Sonne oder einen anderen Stern bewegt. Er leuchtet nicht selbst, sondern nur im Licht der Sonne oder seines Sterns.

Planquadrat (Seite 18)
Auf → Karten (→ Stadtpläne, Atlaskarten) befindet sich oft ein Gitternetz aus waagerechten und senkrechten Linien. Auf diese Weise entstehen Planquadrate. Am oberen und unteren Kartenrand sind Buchstaben, an den Seiten Zahlen aufgeführt, sodass jedes Planquadrat bezeichnet werden kann (z. B. A1).

Priel (Seite 60)
Wasserlauf, der das Watt durchzieht

primärer Sektor (Seite 112)
→ Wirtschaftsbereich, zu dem die Land- und Forstwirtschaft, die Jagd, die Fischereiwirtschaft sowie der Bergbau (ohne Aufbereitung) gehören. Es wird auch von der Urproduktion gesprochen. Wirtschaftszweige innerhalb dieses Sektors gewinnen ausschließlich Rohstoffe aus der Natur.

Profil (Seite 58)
Ein Profil ist ein gezeichneter Längsschnitt durch ein Gelände (z. B. eine → Steilküste).

Randmeer (Seite 54)
Vom offenen Meer durch → Inseln und → Halbinseln abgetrennter Meeresteil an einem Kontinentrand (z. B. die Nordsee).

Register (Seite 18)
Alphabetisches Verzeichnis der geographischen Namen im → Atlas mit Verweisen, auf welchen Seiten und in welchen → Planquadraten diese zu finden sind.

Rekultivierung (Seite 97, 98, 99)
Wiederherstellung von Landschaften, die durch den Abbau von Kohle, Kies oder anderen Bodenschätzen im → Tagebau zerstört wurden. Außer zur Erholung kann eine rekultivierte Landschaft auch landwirtschaftlich genutzt werden.

Rinne (Seite 136)
eine längliche, meist schmale und unterschiedlich tiefe Hohlform

Rohstoff (Seite 142)
Ein Rohstoff ist ein unverarbeiteter Stoff, so wie er in der Natur vorkommt (z. B. Holz, Eisenerz, Rohöl). Rohstoffe werden bearbeitet und weiterverarbeitet. Man stellt daraus oft Fertigwaren (z. B. Möbel, Pkws) her.

Satellit (Seite 16)
Ein Satellit ist ein unbemannter Raumflugkörper, der die Erde umkreist.

Satellitenbild (Seite 14)
Von einem → Satelliten aufgenommenes Bild der Erdoberfläche.

Säulendiagramm (Seite 122)
Zeichnerische Darstellung von Zahlen; diese werden dabei als senkrecht stehende Säulen dargestellt.

Schaltjahr (Seite 12)
Ein Jahr dauert 365 1/4 Tage. In allen durch vier teilbaren Jahren wird deshalb der 29. Februar als zusätzlicher Tag in den Kalender „eingeschaltet".

Schalttag (Seite 12)
der 29. Februar, als zusätzlicher Tag alle vier Jahre

Schiffshebewerk (Seite 84)
„Schiff-Fahrstuhl", mit dem Schiffe große Höhenunterschiede in Schifffahrtswegen überwinden können

Schleuse (Seite 84)
technisches Bauwerk, mit dem Schiffe Höhenunterschiede in Schifffahrtswegen überwinden können

Schrägluftbild (Seite 38)
→ Luftbild

Schummerung (Seite 40)
Um Berge und Gebirge auf → physischen Karten besser zu erkennen, wird eine Schattierung (Schummerung) gezeichnet. Je kräftiger die Schummerung ist, desto steiler ist das Gelände.

Schutzzone (im Nationalpark) (Seite 72)
Der → Nationalpark Wattenmeer ist in verschiedene Schutzzonen eingeteilt. Am stärksten geschützt sind die Brutgebiete der Vögel und die Sandbänke, auf denen die Jungen der Seehunde geboren werden. Diese Schutzzone darf von Menschen nicht betreten werden.

Sedimentation (Ablagerung) (Seite 134)
Ablagerung von Lockermaterial auf der Erdoberfläche

Sedimentgestein (Seite 130)
Gestein, das aus Ablagerungen von z. B. Sand, Ton und Kalk hervorgegangen ist. Sedimentgesteine können als Lockergestein (z. B. Sand) oder Festgestein (z. B. Sandstein) auftreten.

Seehafen (Seite 68)
Hafen am Meer oder mit direktem Zugang zum Meer. Er dient der Seeschifffahrt.

sekundärer Sektor (Seite 112)
→ Wirtschaftsbereich, der Produkte aus der Urproduktion, dem → primären Sektor, be- oder verarbeitet. Güter werden produziert.

ANHANG

Senkrechtluftbild (Seite 38)
→ Luftbild

Signatur (Seite 38)
Auf → Karten gibt es Flächenfarben und Signaturen (z. B. schwarzes, auf einer Ecke stehendes Quadrat für Steinkohle). Sie werden in der → Legende erklärt.

Sonne (Seite 10)
zentraler Stern unseres Sonnensystems, der Licht und Wärme in den Weltraum strahlt

Sonnensystem (Seite 10)
Das Sonnensystem besteht aus unserer Sonne, acht Planeten sowie deren Monden.

Stadt (Seite 104)
Im Vergleich zu einem → Dorf größerer Ort mit vielen verschiedenen Einrichtungen für die Versorgung der Bevölkerung. Eine Stadt ist Handels- und Verwaltungszentrum für das Umland.

Stadtplan (Seite 48)
Der Stadtplan ist eine Karte, die alle Straßen mit ihren Namen, die öffentlichen Gebäude, die Grünflächen usw. enthält. Oft sind auch S-Bahn-, U-Bahn-, Bus- und Straßenbahnlinien eingezeichnet. Ein → Register mit der Angabe von → Planquadraten erleichtert die Suche.

Stadtzentrum (Seite 104)
der durch Geschäfte, Dienstleistungsbetriebe wie Banken und Ärzte sowie kulturelle Einrichtungen geprägte Stadtkern von Städten

Standortfaktor (Seite 114)
Grund für die Ansiedlung eines Betriebes: z. B. die Nähe zu → Rohstoffen, viele und gut ausgebildete Arbeitskräfte, ein großer Absatzmarkt, gute Verkehrsanbindung. Bei Industrieansiedlungen treffen meist mehrere Standortfaktoren zusammen.

Stauniederschlag (Seite 140)
erhöhte Niederschlagsmengen durch den Anstieg von Luftmassen an einem Gebirge

Steilküste (Seite 56)
steil zum Meer abfallende Küste
(→ Kliff)

Steinkohle (Seite 95, 116, 118)
Steinkohle ist in Deutschland etwa zehnmal so alt wie → Braunkohle, enthält weniger Wasser und brennt daher wesentlich besser. Sie liegt aber so tief unter der Erde, dass man sie in Deutschland in Bergwerken abbauen muss.

Strukturwandel (Seite 120)
längerfristige und meistens nicht mehr umkehrbare Veränderung der Wirtschaftsstruktur

Stückgut (Seite 68)
Dazu zählen Güter, die vor dem Transport in Fässer, Ballen, → Container, Säcke oder Kisten verpackt werden.

Sturmflut (Seite 64)
Eine Sturmflut ist eine Flut (→ Gezeiten), die durch besonders starke Winde (Stürme) höher an der Küste aufläuft als gewöhnlich. Bei besonders schweren Sturmfluten können → Deiche brechen. Dann wird das Hinterland überflutet.

Südhalbkugel (Seite 12, 16)
Die Südhalbkugel ist der Teil der Erde, der südlich des → Äquators liegt.

Tagebau (Seite 97)
Bodenschätze, die nicht sehr tief unter der Erde liegen (z. B. bei uns die → Braunkohle) und daher direkt von der Erdoberfläche aus abgebaut werden können, gewinnt man im Tagebau.

Tal (Seite 136)
lang gestreckte Hohlform

Talsperre (Seite 140)
Bauwerk quer zu einem Flusstal, um den Fluss zu einem See aufzustauen

tertiärer Sektor (Seite 112)
Der Wirtschaftsbereich, in welchem die → Dienstleistungen zusammengefasst werden. Hierzu zählen Handel, Verkehr, Verwaltung, Bildungs- und Schulwesen sowie Ärzte, Rechtsanwälte, Architekten usw.

thematische Karte (Seite 40, 71)
Dieser Kartentyp behandelt immer ein spezielles Thema. Nahezu alles, was räumlich verbreitet ist, lässt sich hier darstellen. So gibt es z. B. thematische Karten zur Bevölkerungsdichte, zur Wirtschaft oder zum Luftverkehr. (→ physische Karte)

Tiefland (Seite 32, 82)
Tief gelegenes Land mit geringen Höhenunterschieden. Im Norddeutschen Tiefland betragen die Landhöhen zwischen 2,3 m unter dem Meeresspiegel und wenige Meter über 200 m.

Tieflandsbucht (Seite 82)
→ Bucht, an der das → Tiefland weit in den → Mittelgebirgsraum reicht

Torf (Seite 94)
→ Sedimentgestein, das in Mooren entsteht. Es bildet sich aus nicht oder nur unvollständig zersetzten Pflanzen und stellt die erste Stufe der → Inkohlung dar.

Tourismus (Seite 72)
Reiseverkehr zu Zwecken der Erholung und Bildung

Tracht (Seite 36)
traditionelle Kleidung eines Landes bzw. Berufszweigs

tropischer Regenwald (Seite 25)
immergrüner Wald in den Tropen

UNESCO-Liste des Welterbes der Menschheit (Seite 62)
Liste mit weltweit bedeutenden, besonders schützenswerten Natur- und Kulturdenkmälern

Verwitterung (Seite 134)
Gesteine werden durch den Einfluss von z. B. Wasser, Frost und Hitze zersetzt und zerkleinert.

Warft (Seite 64)
Eine Warft ist ein künstlich aufgeschütteter Hügel, auf dem ein Haus oder mehrere Häuser stehen. So sind diese bei Sturmflut vor Überschwemmungen geschützt.

Watt (Seite 54, 60, 62)
Teil des Meeresbodens, der bei → Ebbe trockenfällt und bei → Flut vom Meer überschwemmt wird

Wattenküste (Seite 54, 60, 62)
flache Küste an der Nordsee

Wattenmeer (Seite 60, 62)
der Teil des Meeres, der nur bei → Flut von Wasser bedeckt ist

Weltall (Seite 10)
der gesamte Raum, in dem sich alle für uns fassbaren räumlichen und zeitlichen Vorgänge abspielen

Windflüchter (Seite 56)
Baum, dessen Krone zur windabgewandten Seite wächst

Wirtschaftsbereiche (Seite 112)
Sie bilden den gesamten Produktionsbereich eines Landes. Zu ihnen zählen der → primäre Sektor, der → sekundäre Sektor und der → tertiäre Sektor.

Wüste (Seite 23)
Trockenraum mit spärlichem Pflanzenwuchs

Zeche (Seite 118)
Ausdruck für Kohlebergwerk. Eine Zeche besteht aus der Gesamtheit der Anlagen unter und über Tage, die der Förderung und Aufbereitung von Kohle dienen.

zentrale Funktion (Seite 108)
Mittelpunktfunktion einer Stadt. Ihre Einrichtungen (z. B. Fachgeschäfte, Einrichtungen zur Unterhaltung, Bildung, ärztliche Versorgung) dienen der eigenen Bevölkerung und der des Umlandes.

Bildquellenverzeichnis

A1PIX / Your Photo Today, Taufkirchen: 126/127 (AAC), 138 M1; adpic Bildagentur, Bonn: 31.2 (C. Steiner); alamy images, Abingdon/Oxfordshire: 55 re unten (tbkmedia.de), 134 M5 (Image Source - Hola); alimdi.net, Deisenhofen: 52/53 (uwe umstaetter), 79B (Carsten Leutzinger); Arco Images GmbH, Lünen: 25 M11 (Schlepphorst); Arend, Jörg, Wedel: 131 M2d; Artbox Grafik & Satz GmbH, Bremen: 8 M1; Associated Press GmbH, Hamburg: 20 M1 (Willens), 73 M6d; Astrofoto, Sörth: 10 M1, 12 M1; BASF Agrarzentrum Limburgerhof, Limburgerhof: 88 M2; Berliner Verkehrsbetriebe (BVG), Berlin: 49 M2; Bild & Tontechnik Thomas Roesch, Eibau: 92 M1c; Blickwinkel, Witten: 66 M3 (Frank Hecker), 102/103 (Luftbild Bertram), 131 M2c (S. Meyers); Blume Bild, Celle-Osterloh: 98 M1B; BMW AG, München: 107 M4e, 114 M1B; Bremm, Andreas, Bonn: 150 (oben); Bricks, Wolfgang, Erfurt: 97F; Busching, Maxdorf: 73 M6b; Bütow, Heike, Kemnitz: 79C; Chodan, W., Berlin: 83C; Colditz, Margit, Halle: 87 M2d; Corbis, Düsseldorf: 6 (Will & Deni McIntyre), 27 M2 (Günter Rossenbach/zefa), 66 M2 (Natalie Forbes), 113 M3C (Simon Jarrett); Das Luftbild-Archiv, Wennigsen: 32 M3, 44 M4b, 65 M6, 74 M1, 83 B, 85 M5, 117 M3; DEBRIV Bundesverband Braunkohle, Köln: 97E; Diercke Globus online: 38 M1; Duisburger Hafen AG, Duisburg: 69 M4; DuMont Bildarchiv, Ostfildern: 9 M3; Döpke, G., Osnabrück: 134 M3; Eckel, Jochen, Berlin: 114 M1C; Eckert-Schweins, Werner, Ingolstadt: 8 M2; Ehrlich, Arnulf, Jena-Closewitz: 94 M1; eisele photos, Walchensee: 137E; Eyferth, Konrad, Berlin: 5.1; Face To Face Bildagentur GmbH, Hamburg: 56 M2; Falk, D., Braunschweig: 58 M1; Fischer, Bernhard, Luftbildfotografie, Wickede (Ruhr): 51 (rechts); Fischer, J.-A., Hannover: 131 M2-4; fotolia.com, New York: 56 M1 (Uwe Kantz); Freilichtmuseum Finsterau, Finsterau: 101 (Groth-Schmachtenberg); Galeries Lafayette (Deutschland) GmbH, Berlin: 46 M3; Garmin Deutschland GmbH, Gräfelfing: 16 M4; Gartung, Werner, Heidelberg: 22 M2; Geis, Gerd, Köln: 150 (unten); Gensetter, Lisa, Davos: 134 M2; Gerber, Wolfgang, Leipzig: 134 M4, 145B; Getty Images, München: 9 M4a (AFP), 30.1 (John Wilkes); Grau, Uwe, Stralsund: 104 M1D; Griese, Dietmar, Laatzen: 114 M2; Güttler, Peter - Freier Redaktions-Dienst GmbH, Berlin: 37 M4, 43 M6, 79 M1, 93 M6, 100, 125, 141 M6, 144 M1; Hafen Hamburg Marketing e. V., Hamburg: 71 M2; Hamburg Tourismus GmbH, Hamburg: 68 M1; Hamburger Hafen und Logistik AG, Hamburg: 69 M6, 69 M7; Hebel, A., Freiburg: 50 (alle), 131 M2b; Helga Lade Fotoagentur GmbH, Frankfurt/Main: 145A (Breig); Henkel, Christine, Dahmen: 91; Henry, Shawn, Gloucester: 21 M3; Hoenig, Charly, München: 115 M4A; Härle, Wangen: 95 M3; Image & Design - Agentur für Kommunikation, Braunschweig: 154.1; imago stock&people GmbH, Berlin: 107 M4a (imagebroker); Juch, Harald, Berlin: 132/133; Kali und Salz GmbH, Kassel: 88 M1; Kappl, C., Waldkirchen: 140 M3; Karto-Grafik Heidolph, Kottgeisering: 101 rechts; Kreuzberger, Norma, Lohmar: 76 M1, 76 M4, 77 M6; Kruger, C., Köln: 23 M5; Kurverwaltung Langeoog, Langeoog: 74.1; Kverneland Group Deutschland GmbH, Soest: 89 M3; laif, Köln: 22 M1 (Bryan & Cherry Alexander/Arctic Photo); Landesmedienzentrum Baden-Württemberg, Karlsruhe: 87 M2c; Landesmedienzentrum Rheinland-Pfalz, Koblenz: 129 M4 (Gustav Rittstieg); Latz, Wolfgang, Linz: 111 M6; LOKOMOTIV Fotografie, Essen: 31.1 (Thomas Willemsen); LOOK Bildagentur, München: 138 M2; Lüdecke, Matthias, Berlin: 45 M7; Mader, Fritz, Barsbüttel: 87 M2b; Marckwort, Ulf, Kassel: 74.2; mauritius images, Mittenwald: 60 M1 (Michael Dietrich), 104 M1C (Vidler), 131 M2a (Manfred Mehlig), 142 M1, 145C; Mertins, Harald, Ribbesbüttel: 13 M4B, 15 M3, 60 M2; Morgeneyer, Frank, Leipzig: 54 M2, 57 M5, 57 M8, 59 M3, 59 M5, 59 M6; Movie Park Germany GmbH & Co. KG, Bottrop-Kirchhellen: 120 M1; NASA, Houston/Texas: 15 M4, 19 M2; Nationalparkamt, Tönning: 63 M6 (Stock); Nationalparkforstamt Eifel, Schleiden-Gemünd: 72 M1; Nebel, Jürgen, Muggensturm: 41 M5; Niedersächsische Landesforsten, Braunschweig: 143 M4 (Frank Zweers); OKAPIA KG Michael Grzimek & Co., Frankfurt: 62 M2 (Maier), 87 M2a (Reinhard), 134 M1 (F. Pölking); Otto, Werner, Oberhausen: 54 M1; Picture Press, Hamburg: 141 M5; Picture-Alliance, Frankfurt/M.: 24 M9 (Hans-Christian Wöste), 37 M5 (Matthias Hiekel/dpa-Report), 38 M2 (Thomas Schlegel), 59 M4 (Rainer Jensen), 62 M1, 64 M2 (Klar), 73 M6a (epa/Keystone/Mathis), 83A (ZB/Wolf), 84 M3 (W. Grubitz), 87 M5 (Okapia), 98 M1A (Rainer Weisflog), 104 M1B (Damm), 105 M2 (Euroluftbild), 107 M4c (ZB/J.-P. Kasper), 113 M3A (Armin Weigel), 114 M1A (Matthias Schrader), 115 M4B (Peter Kneffel), 120 M2 (dpa/Bernd Thissen), 131 M2e (Zentralbild/Thomas Lehmann), 148 M3 (Zentralbild/Wolfgang Thieme), 149 M5 (Design Pics), 149 M6 (Zentralbild/Wolfang Thieme); Plainpicture, Hamburg: 107 M4d; Plustech Oy, FIN-Tampere: 142 M2; Plättner, Jens, Braunschweig: 45 M8; Poitschke, Bernd, Walddorf: 92 M1a, b; Presse- und Informationsamt des Landes Berlin, Berlin: 44 M4a; Presse- und Informationsamt der Bundesregierung - Bundesbildstelle, Berlin: 44 M4c; RAG Deutsche Steinkohle AG, Herne: 118 M1; Rieke, Michael, Braunschweig: 63 M4, 79A; Rink, Wolfgang, Northeim: 140 M1; Rusch, Muggensturm: 66 M4; RWE Energy AG, Dortmund: 97D; Sakurai, Heiko, Köln: 67 M6; Schaubergwerk Molchner Stollen, Pobershau: 148 M2; Schmidt, Marianne, Teningen: 90 M1, 114 M1D, 151 Mitte; Schmidtke, Kurt-Dietmar, Melsdorf: 57 M7, 66 M1; Schorn, Würselen: 23 M4; Schönauer-Kornek, Sabine, Wolfenbüttel: 24, 32/33, 36 M1, 51 (links), 99 M4, 124, 152/153; Schreiegg, Julia, Vilsbiburg: 131 M2f, 135 (alle); sinopictures, Berlin: 90 M3 (CNS); Spangenberg, Lauffen: 113 M3B; Stadtbildstelle Essen, Essen: 116 M1; Strohbach, Dietrich, Berlin: 33 M4, 128 M1; Tegen, Hans, Hambühren: 90 M2; Thaler, Ulrich, Leipzig: 33 M5; Tourismusverband Radstadt/Salzburger Land: 36 M5; transit - Fotografie und -Archiv, Leipzig: 107 M4b (Peter Hirth); Tönnies, Uwe, Laatzen: 63 M5; Vattenfall Europe Mining AG, Cottbus: 96A-C; Ventur, Köln: 104 M1A; Visum Foto GmbH, Hamburg: 12 M2 (alle: Andreas Reeg), 55 rechts oben (Aufwind-Luftbilder); Weis, Serge, Rolleng/Mersch: 119 M2; wikipedia.org: 131 M2g (Norbert Kaiser); Wildlife Bildagentur GmbH, Hamburg: 152 M1; Wolf, H.-U., Steinheim: 131 M2